"互联网+教育"新形态精品教材

劳动教育理论与实践教程

LAODONG JIAOYU LILUN YU SHIJIAN JIAOCHENG

《劳动教育理论与实践教程》编写组 编

微课版

电子科技大学出版社
University of Electronic Science and Technology of China Press

图书在版编目(CIP)数据

劳动教育理论与实践教程 /《劳动教育理论与实践教程》编写组主编. — 成都：电子科技大学出版社，2021.3

　　ISBN 978-7-5647-8838-4

　　Ⅰ.①劳… Ⅱ.①劳… Ⅲ.①劳动教育－高等职业教育－教材 Ⅳ.①G40－015

中国版本图书馆 CIP 数据核字(2021)第 060122 号

劳动教育理论与实践教程
LAODONG JIAOYU LILUN YU SHIJIAN JIAOCHENG
《劳动教育理论与实践教程》编写组　主编

策划编辑	万晓桐
责任编辑	李　倩

出版发行	电子科技大学出版社
	成都市一环路东一段 159 号电子信息产业大厦九楼　邮编 610051
主　页	www.uestcp.com.cn
服务电话	028-83203399
邮购电话	028-83201495

印　刷	唐山唐文印刷有限公司
成品尺寸	185mm×260mm
印　张	12.5
字　数	267 千字
版　次	2021 年 3 月第一版
印　次	2021 年 12 月第二次印刷
书　号	ISBN 978-7-5647-8838-4
定　价	39.80 元

版权所有，侵权必究

《劳动教育理论与实践教程》编写组

主　编：黎修良　　沈言锦　　邹瑞睿
副主编：谭小琴　　蔡　强　　张　坤
　　　　刘平元　　余　醴　　谭　慧

前　言

2018年10月，习近平在全国教育大会上强调，"坚持中国特色社会主义教育发展道路，培养德智体美劳全面发展的社会主义建设者和接班人"，为新时代加强劳动教育提出了新的要求，指明了方向。2020年3月，中共中央、国务院印发了《关于全面加强新时代大中小学劳动教育的意见》，就全国贯彻党的教育方针，加强大中小学劳动教育进行了系统设计和全面部署。2020年7月，教育部印发了《大中小学劳动教育指导纲要(试行)》，为新时代劳动教育做了具体规划，有力地指导了大中小学共同构建德智体美劳全面培养的教育体系。

为全面贯彻党的教育方针，把劳动教育纳入人才培养全过程，促进学生形成正确的世界观、人生观、价值观，为配合各高校劳动教育的开展，充分发挥劳动独特的育人价值，我们编写了《劳动教育理论与实践教程》。本教材语言通俗易懂、逻辑性强，力求理论联系实际。本书共八章，内容包括理解劳动价值，创造养好生活；新时代劳动的价值；传承新时代劳模精神、劳动精神、工匠精神；劳动安全与劳动保障；衣食住行样样在行；上好校园劳动必修课；充实职业体验技能；社会实践与志愿服务等内容。本教材选取学生日常活动任务进行讲解，并在理论学习后进行实践活动，以增强学生的知识运用能力；语言通俗易懂、逻辑性强。

由于时间、经验有限，本书在编写过程中难免存在一些不足，衷心希望各位读者批评指正！

编　者

目 录

第一章 理解劳动价值，创造美好生活 …… (1)
- 第一节 古代文明起源于劳动 …… (2)
- 第二节 劳动创造我国文明五千年 …… (3)
- 第三节 劳动创造美 …… (5)
- 第四节 劳动为个人赢得尊重 …… (6)

第二章 新时代劳动的价值 …… (11)
- 第一节 劳动树德、增智 …… (12)
- 第二节 劳动强体、育美 …… (14)
- 第三节 劳动让我们变得聪明 …… (16)

第三章 传承新时代劳模精神、劳动精神、工匠精神 …… (23)
- 第一节 新时代劳模精神、劳动精神、工匠精神的科学内涵 …… (25)
- 第二节 新时代劳模精神、劳动精神、工匠精神的当代价值 …… (34)
- 第三节 新时代劳模精神、劳动精神、工匠精神的当代传承 …… (42)

第四章 劳动安全与劳动保障 …… (55)
- 第一节 劳动安全 …… (56)
- 第二节 劳动保障 …… (67)

第五章 衣食住行样样在行 …… (75)
- 第一节 洒扫庭除 …… (76)
- 第二节 学厨学德 …… (81)

第六章 上好校园劳动必修课 …… (89)
- 第一节 低碳校园生活 …… (91)
- 第二节 垃圾分类 …… (100)
- 第三节 勤工助学 …… (106)
- 第四节 实习实训 …… (112)

第七章 充实职业体验技能 …… (119)
- 第一节 手工制作 …… (120)
- 第二节 躬耕田野 …… (123)

第八章　社会实践与志愿服务 ……………………………………………………（137）

　　第一节　主动树立当代青年的社会责任感 ……………………………（138）

　　第二节　积极参加规范化的志愿服务活动 ……………………………（156）

　　第三节　不断提高志愿服务的能力 ……………………………………（169）

附录一　中共中央国务院关于全面加强新时代大中小学劳动教育的意见 ……（181）

附录二　劳动教育活动记录卡 …………………………………………………（186）

参考文献 …………………………………………………………………………（192）

第一章

理解劳动价值，创造美好生活

学习导读

　　劳动创造价值是马克思主义劳动价值论的一个基本观点，任何生产资料、资金、厂房、机器都不能创造价值和财富，只有人类的无差别的劳动才能创造价值。劳动创造美好生活。

习近平总书记说："劳动是人类的本质活动，劳动光荣、创造伟大是对人类文明进步规律的重要诠释。"从史前文明到现代社会，从智人到现代人，这跨越式的进步都得益于劳动。千百年来，人类用辛勤的劳动创造了辉煌的历史文明；中华人民共和国成立以来，中国人又以艰苦奋斗、勇于创新和改革开放的精神改变了一穷二白的面貌，中国和平崛起，实现了中华文明的永续发展。

第一节　古代文明起源于劳动

"嗖，嗖……"一支支骨矛投向猛兽。没过一会儿，在骨矛接二连三的攻击之下，猛兽轰然倒地。接着，猛兽被一群直立行走的生物围住。这群生物，挥舞着手中的骨矛和石刀，他们已经会用双手将石头打磨尖锐，制成武器，以至其他动物难以匹敌。

他们，就是石器时代的人类。

自从会打磨石器，制造工具后，他们就开始大踏步地走向统治地球的王座。

在漫长的生活实践中，他们已经可以将石器打磨成更多形状，将骨矛制作得更加锐利，甚至发明了原始的弓箭……其他动物在他们面前已经不堪一击。

"嘭！"在日复一日的劳动中，他们的石器在打磨碰撞之间，注定将会在某个时刻迸出火花，他们，学会了人工取火！

有了工具，有了火，他们再也不会一遇到猛兽就吓得四处逃窜，再也不会一遇到天寒地冻就难以度日。驯养动物、栽培植物……他们逐渐发明了原始的畜牧业和农业，不再费时费力地靠摘取野果和捕获猎物填饱肚子。他们不仅有了更稳定的食物来源，还学会了从中获取油脂、皮毛和骨头等，这让他们的日常生活得到改善。

于是，他们开始了定居的部族生活。

这样的生活，让他们有了更多的时间和精力。与此同时，他们的劳动经验也在不断积累。

就这样，原始的手工业自然而然地出现了。他们利用原始的制陶术烧制蒸煮食物的用具、汲水储水的器皿、陶刀等工具。此外，他们还学会了加工皮革，纺织棉、麻……这些，让他们的定居生活得到提升。

"这是哪儿？""这是什么？""那是什么？"他们一边劳动，一边探索，开始了无止境的思考。他们走过草地，蹚过河流，越过山丘，发现这片天地无比广阔，许许多多的东西都还叫不出名字。他们一边咿咿呀呀，一边用手指指点点，还在石头上刻下记号。

这些记号虽然简单，却足以帮助他们去认识"这是哪儿""这是什么""那是什么"。为了给更多的东西命名，他们发明了更多的记号。渐渐地，他们可以更加方便地告诉同伴哪里有水源，哪里有野果，哪里有猎物……而人类，也有了最初的文字。

自此以后，他们的劳动经验变得更加容易分享，也更加容易传承。一代又一代，他们坚持不懈、辛勤劳动，在古巴比伦，在古埃及，在古印度，在中国……一个又

一个劳动成果被创造。人类的历史，开启了文明的篇章。

探讨分享

想一想，史前的人类是如何生存的？古代文明的"石钥匙"——象形文字和楔形文字是怎样被破译的？上网查找文献资料，和同学分享、交流。

《世界文明史》称"古巴比伦、古埃及、古印度、古希腊、中国"是世界上曾经存在过的五大文明发源地。而无论是华夏文明、古埃及文明，抑或是古巴比伦文明、古印度文明，都可以看作是人类文明。然而，一个文明的成长，是千千万万智慧的人类共同劳动创造的成果。

法律、医学、宗教、艺术、文化、建筑……这些事物的出现，让人类完完全全从"动物"中脱离出来，成为世界的主宰。人类可以制定规则，制定伦理道德……为我们的现代生活提供最牢固的基础。

历史长河，文化滥觞，伴随着空灵浩瀚的乐音，我们一起感受"大河"所孕育的灿烂辉煌的文明。作为现代人，我们应该对文化保持崇敬之心，深知"给岁月以文明，给时光以生命"。

探讨分享

想一想，上古文明是什么样子的？城市的出现，铁器的出现，人性的凸显……上古文明还有哪些人类发展的重要成就？

第二节　劳动创造我国文明五千年

扫一扫
劳动创造我国文明五千年

子路曾经问他的老师孔子，怎样才能成为一个君子。孔子告诉他说："修己以敬。"意思是好好修炼自己，保持着严肃恭敬的态度。子路一听，做到这四个字就能当君子了？不会这么简单吧？于是又追问，说："如斯而已乎？"意思是这样就行了吗？孔子告诉他说："修己以安人。"意思是在修炼好自己的前提下，再想法让别人安乐。

五千多年的历史长河，我们有伟大的四大发明，为了农桑我们发明了节气，为了水利我们建造了都江堰，为了科学我们撰写了《周髀算经》《九章算术》，为了抵御外敌我们修建了万里长城……

今天，我们生活在一个和平、法制的社会，经过中国共产党的不懈努力，中华人民共和国得以重返联合国，恢复了联合国安全理事会常任理事国的席位，我们在世界上的地位日益提高，我们的人民到世界上任何一个国家都能挺直腰板说话。这不仅仅是因为我们现今的科技水平、军事水平处在世界领先地位，更因为我们五千

多年的文化底蕴，使和平崛起的我们树立了文化自信。共建"一带一路"的倡议继承了中国精神，造福着世界文明。

都江堰

探讨分享

在科幻小说《流浪地球》中，地球从开始流浪到抵达新址要多久呢？要两千五百年，地球才能从太阳系抵达恒星新家园。该小说表达了中华儿女不服输和永远相信希望的精神。

当地球面临毁灭，你会怎样做呢？请想一想，构思一篇科幻作文。

从6世纪到17世纪初的世界重大科技成果中，中国人创造的科技成果占比一直在50%以上，如青铜器、指南针、活字印刷术等。历史上，通过丝绸之路，通过"郑和下西洋"，华夏文明的辉煌成果也为世界的发展做出了巨大的贡献。

史料记载，距今约7 000~3 000年，我国人民最早发现了南海诸岛。海南渔民根据在南海诸岛的出海活动，写成了《南海航道更路经》，俗称《更路簿》（"更"为距离单位，"路"为航向，"簿"为册子）。它是南海渔民用生命、血汗和智慧探索南海的结晶。2008年6月，《更路簿》入选第二批国家级非物质文化遗产名录。

青铜冶炼铸造技术具有划时代的意义。我国的青铜文化起源于黄河流域，始于前21世纪，止于前5世纪。我国青铜时代和早期铁器时代的青铜艺术品，显示了绵延一千五百多年中国青铜器的萌生、发展和变化的历史。中国青铜文化，是世界文化宝库中的精华。

第一章　理解劳动价值，创造美好生活

青铜器

指南针，古代叫司南，中国古代四大发明之一，是用于辨别方向的一种仪器。它是先秦时期我国人民在探寻铁矿等劳动实践中积累的对磁现象的认识。指南针常用于航海、大地测量、旅行和军事等方面。它推进了世界文明的发展。

《授时历》为我国元朝时期实施的历法，又称为《授时历经》。它以365.2425日为一年，距近代观测值仅差25.92秒。直到1582年，西方实施的《格里高利历》的精确度才与它相当。作为编制者之一的郭守敬是我国元朝著名的科学家，在天文、历法、水利和数学等方面都取得了卓越的成就。

活字印刷术，由宋代毕昇发明。活字印刷术是中华文明为人类的发展献上的厚礼。它为知识的广泛传播和交流创造了条件。

探讨分享

在"时光留声机"前，我们停下来说一说岁月的故事。博物馆是人类文明成果最重要的保留地。在那里，我们可以看到世界顶级的文物，与世界一流的大师对话，它在我们的成长过程中发挥了积极作用。博物馆可以说是现代教育的又一个课堂。

组织一次研学，参观当地博物馆，探索、追溯文明的前世今生。

扫一扫
劳动创造美

第三节　劳动创造美

劳动不仅创造了人，还让人的生活变得有质量、有品位。世界上一切美好的事物，都是劳动创造出来的。正是无数的劳动者，让我们的生活变得方便、整洁、有秩序。同样，我们也可以通过自己力所能及的劳动，让我们的

生活更加美好。

　　劳动创造美，不是一句简单的话。清扫、整理工作，可以维护环境，发明创造，则是制造新的物品。劳动有很多种，最了不起的便是创造性的劳动，这种劳动最能发挥人的天赋，激发人的创造力、想象力。从古至今，无数能工巧匠用他们的劳动创造出不朽的奇迹。传承至今的古代遗迹，如金字塔、长城、泰姬陵等，不断被发现的精美工艺品、时尚新玩意，都是劳动者的发明创造。这些心灵手巧的人被称作手艺人，手艺人不仅是指古老的、传统的工匠，现代意义上的手艺人范围很广，只要娴于一技，哪怕擅长的是开方抓药、土木工程或信息行业，都能纳入"手艺人"之列。桑内特的最新著作《手艺人》一书提到，外科手术、吹玻璃或把乐器演奏出一个调来，都需要有"手艺"，"要想弹奏得快捷清晰，你必须知道怎么从琴键上、从琴弦上、从铜管乐器的活瓣上收回手指"。手艺不仅仅是劳动，还有深刻的道理在里面。让人尊重的手艺人，都有各自的秘籍，他们把生命都倾注到自己从事的劳动中，从而把简单的劳动变成"艺"，把一件事做到极致，成为具有审美价值的劳动，这是我们要学习的。

第四节　劳动为个人赢得尊重

　　现在，我们物质生活越来越丰富，商店里有各种各样的好东西，漫画、电子游戏……那么多闪耀的东西，若能够得到这些固然让人开心，但只不过就像玩具一样，旧的过去，再玩新的，永无止境地玩下去，我们的一生也就结束了，这样真的好吗？什么是幸福的生活？活得充实、并因为自己的劳动帮助了别人，这才是幸福。获得幸福的途径只有一条：劳动。

　　物理学有一条能量守恒定律，热能可以转化为其他动能。生活里也有守恒定律，你付出的劳动可能没有让你得到你想要的，但没准在其他地方，你会收到意想不到的成果。不劳动则注定什么都没有。春天播种，夏天除草，秋天收获，冬天储藏，人依据四季安排农事，我们的人生一样有四季。现在我们正处在播种的季节，这个季节尤其重要，种什么种子，土壤有没有翻整得合适，水分是不是充足，都会影响秋天的收获。如果我们从春天就开始偷懒，以后一定会后悔。

　　我们常看到电视里的明星光彩照人的样子，他们似乎没做什么努力，就获得巨大的成功，那只是表面，在他们光鲜的背后，付出多少汗水和泪水，外人根本看不到。

　　《交响情人梦》里千秋王子说他小时候练琴练到几乎要吐，才能在国际比赛中得奖。那些能在舞台上表演的人也是经过严苛的训练和选拔，训练时刻不刻苦，一定会在台上表现出来，唱得好的，跳得好的，绝不仅仅是机会好。其他领域也一样，机会只会给那些做了充分准备的人，这些准备就是劳动。

　　劳动或者说是工作，不但可以让我们以后能养活自己，还是个人成就感的重要源泉。我们身边那些能干的人总是别人的榜样，被人高看，学校里学习好的同学也

总是更受人瞩目。不劳而获的想法是肤浅的,那些上当受骗的人都是幻想能不付出汗水就得到财富,天上从来就不会掉下馅饼,只有靠自己劳动获得的报酬才能让我们安心地生活。

为什么小偷和强盗被人鄙视,因为他们通过卑鄙的手段获得不属于自己的东西。现在我们的物质生活越来越丰富,我们想要的东西也越来越多,这时我们更要明白什么是我们可以拥有的,什么是绝对不能做的事。古人说,"君子爱财,取之有道",这"道"就是指诚实的劳动。那些得到不义之财的人,心里总有秘密,必须小心翼翼地活着,他们总会担心东窗事发的一天(这一天总会到来)。我们不应该羡慕这样的家伙,每天能无愧于心地生活才最重要。

辨析反思

联合国教科文组织编写的《从现在到2000年教育内容发展的全球展望》指出:"劳动对青年智力、道德、社会和政治方面的培养是不可缺少的。"

20世纪70年代,时任美国教育总署长官西德尼·马兰提出了"生计教育"倡议,主张教育要与生产劳动相结合,以培养学生必需的谋生技能。这个倡议很快便在社会上取得了广泛认同。1977年,美国国会又通过了《生计教育刺激法》,通过拨款等方式促进中小学生计教育,劳动教育自此有了法律保障。

俄罗斯重拾苏联劳动教育的实践经验,于2015年颁布《劳动教育发展纲要》,创新劳动教育活动形式和保障机制。德国人在欧洲有"动手大师"的称号,为了培养出"巧手孩子",德国的教育部门制定出三步走的"进度表"。芬兰一直较为注重开展培养学生生存技能的劳动教育。中小学阶段开设跟劳动教育相关的课程,最具代表性的就是技术课、纺织课和家庭经济学课程。

请以劳动教育是否必要为题,来一场小组辩论赛吧。

正方:传统的教育方式,逐渐难以满足经济社会发展对劳动人的需要,迫切需要加强劳动教育。

_____

_____

反方:随着经济社会发展,特别是科技的进步,人们逐渐脱离"繁重劳动"的束缚,没有必要加强劳动教育。

_____

_____

榜样力量

踏过平庸，一生为中国"天眼"燃尽
——追记"时代楷模"南仁东

"天眼"之父南仁东，17日被追授"时代楷模"荣誉称号。

24年，8000多个日夜，500米口径球面射电望远镜首席科学家、总工程师南仁东心无旁骛，为崇山峻岭间的中国"天眼"燃尽生命，在世界天文史上镌刻下新的高度。

调试期的"天眼"已经一口气发现多颗脉冲星，成为国际瞩目的宇宙观测"利器"。在党的十九大报告中，"天眼"与天宫、蛟龙、大飞机等一起，被列为创新型国家建设的丰硕成果……

南仁东来不及目睹。但他执着追求科学梦想的精神，将激励一代又一代科技工作者接续奋斗，勇攀世界科技高峰。

"天眼"：一个国家的骄傲看似一口"大锅"，"天眼"是世界上最大、最灵敏的单口径射电望远镜，可以接收到百亿光年外的电磁信号。

它有着超高的灵敏度和巡天速度。与美国寻找地外文明研究所的"凤凰"计划相比，"天眼"可将类太阳恒星巡视目标扩大至少5倍。随着"天眼"落成，中国射电天文学"黄金期"正在开启，越来越多国际天文学专家加入中国主导的科研项目。

20多年前，这是一个异常大胆的计划。20世纪90年代初，中国最大的射电望远镜口径不到30米。

1993年的日本东京，国际无线电科学联盟大会在此召开。

科学家们提出，在全球电波环境继续恶化之前，建造新一代射电望远镜，接收更多来自外太空的讯息。

会后，南仁东极力主张中国科学家启动"天眼"项目。

"天眼"到底是一个多大的工程？在"天眼"馈源支撑系统高级工程师杨清阁的印象里，这个工程大到"漫山遍野"。这又是一个多细的工程？"600多米尺度的结构，馈源接收机在天空中跟踪反射面焦点的位置度误差不能超过10毫米。"杨清阁说，"南老师做的事，就是带领我们用漫山遍野的设备和零件建起这口精密的'大锅'。"

南仁东曾在日本国立天文台担任客座教授，享受世界级别的科研条件和薪水。可他说："我得回国。"

做世界独一无二的项目，他扛起这个责任。这个当初没有多少人看好的梦想，也最终成为一个国家的骄傲。

72岁的"天眼"工程高级工程师斯可克回忆："南仁东总跟我说，国家投入10多亿元搞这个望远镜，如果因为质量问题或者工程延期导致停工，每天损失将达50万元。花了这么多钱，如果搞不好，就对不起国家。"

第一章　理解劳动价值，创造美好生活

执着：为"天眼"燃烧20多年人生

西南的大山里，有着建设"天眼"极佳的地理条件：几百米的山谷被四面的山体围绕，天然挡住外面的电磁波。

从1994年到2005年，南仁东走遍了贵州大山里的上百个窝凼。乱石密布的喀斯特石山里，没有路，只能从石头缝间的灌木丛中，深一脚、浅一脚地挪过去。

一次，南仁东下窝凼时，瓢泼大雨从天而降。他曾亲眼见过窝凼里的泥石流，山洪裹着砂石，连人带树都能一起冲走。南仁东往嘴里塞了救心丸，连滚带爬回到垭口。

"有的大山里没有路，我们走的次数多了，才成了路。""天眼"工程台址与观测基地系统总工程师朱博勤回忆，十几年下来，综合尺度规模、电磁波环境、生态环境、工程地质环境等因素，最终在391个备选洼地里选中了条件最适宜的大窝凼。

选址、论证、立项、建设，哪一步都不易。许多工人都记得，即使在炎热的夏天，为亲自测量工程项目的误差，南仁东总会丢下饭碗就往工地上跑。

"发文章和研发科学重器比较，哪个对科技的实质进步更重要，我选择后者。"南仁东总是这样说。

"20多年来他只做这一件事。"国家天文台台长严俊说，'天眼'项目就像为南仁东而生，也燃烧了他最后20多年的人生。"

寻梦：探索科学未知无止境

八字胡，嗓音浑厚，同事印象中的南仁东，个儿虽不高，却总是气场十足，"在人群中一眼就能认出来"。

生活中的南仁东常表现出率性幽默的一面。一次出国访问，在禁烟区犯了烟瘾，他开玩笑将"No smoking（禁止吸烟）"改成"Now smoking（现在吸烟）"。

但对待科学研究，南仁东无比严肃和严谨。"天眼"没有哪个环节能"忽悠"他，任何瑕疵在他那里都过不了关。

工程伊始，要建一个水窖，施工方送来设计图纸，他迅速标出几处错误打了回去。施工方惊讶极了：这个搞天文的科学家怎么还懂土建？

"南老师对自己的要求太高，他要吃透工程建设的每个环节。"学生甘恒谦说，"如果再给他一次机会，是选择'天眼'还是多活10年，他还是会选择'天眼'。"

他一心想让"天眼"尽快建成启用。"天眼"的英文名字FAST，正是"快"的意思。

在南仁东看来，"天眼"建设不由经济利益驱动，而是源自人类的创造冲动和探索欲望。"如果将地球生命36亿年的历史压缩为一年，那么在这一年中的最后一分钟诞生了地球文明，而在最后一秒钟人类才摆脱地球的束缚进入太空无垠的广袤。"南仁东的心中，总是藏着许多诗意的构想。

"让美丽的夜空带我们踏过平庸。"这是他留给人世间的最后思考。

（资料来源：央广网，2017年11月19日）

思考与练习

以"美好生活靠劳动创造"为题,设计一次主题班会。

实践活动

"幸福劳动者"采访活动

农民、工人、快递员、外卖员、房产中介、程序员、美工、设计师、工程师、作家、科学家、图书管理员……我们身边,有很多这样的劳动者,他们既普通也不普通,他们凭着一份坚持,靠着不懈的奋斗,过上了属于自己的幸福生活。

以小组(4~6人)为单位寻找身边或网络上至少3个行业(应至少包括一个新兴行业)的"幸福劳动者",采访他们的劳动故事,了解他们是如何通过劳动收获幸福的。要求采访过程和结果以PPT或短视频的形式呈现。

【过程记录】

活动开展计划:

活动开展关键点:

活动开展难点及解决方案:

心得体会:

【结果评价】

教师可参考表1-1对各小组"幸福劳动者"采访活动进行评价。

表1-1 "幸福劳动者"采访活动评价表

评价标准	分值	分数小计	教师评价
提前做好活动方案的策划	20分		
达到采访目的	20分		
分工合理,各成员均积极参与	20分		
故事讲述精彩	20分		
PPT制作精美/短视频剪辑精美	20分		

第二章

新时代劳动的价值

> **学习导读**
>
> 路遥在《平凡的世界》一书中说,劳动,是人生的第一堂课。只有劳动才可能使人在生活中强大。劳动教育对于人的成长来说,不仅意味着劳动技能的提升,更意味着劳动精神的培育。从农耕社会"耕读传家久"的传统,到现代社会"劳动创造幸福"的箴言,时代在变,劳动的形式在变,但劳动的精神内核始终未变。

苏霍姆林斯基说："没有单独的智育，也没有单独的德育，也没有单独的劳动教育。"劳动作为大自然赐予人类的"生命活动"，集合凝聚了丰富的知识要素。在劳动中，就解决某个问题、突破某个环节寻找策略，需要与他人互助协作，及时总结经验教训，这不仅可以锻炼专注力、创造力和行动力，而且可以增强大局观念、合作意识，还能够增强体质、强健体魄。这些积极的正向赋予，对人的一生都裨益良多。

第一节 劳动树德、增智

扫一扫
劳动树德、增智

一、劳动树德

人们对劳动的一般理解往往是付出时间获取报酬的手段，我们已经习惯了这种思维方式。作为劳动，高尔基曾经说过，在重视劳动和尊重劳动者的基础上，我们有可能来创造自己的新的道德。因此，我们日常生活中的努力工作，都是提升心性最基本，也是最重要的方法，在日常生活中扮演好社会赋予自己的角色，或者对于自己应该做好的事情——公务、家务、学习等，都要尽心尽力，孜孜不倦，锲而不舍。这个过程本身就是磨练人格的修行。

马卡连柯在《劳动教育》中说："正确的苏维埃教育如果不是劳动的教育，那是不能想象的。劳动永远是人类生活的基础，是创造人类生活和文明幸福的基础。""劳动最大的益处还在于人们的道德和精神上的发展。"那么学生在劳动的过程中究竟能培养哪些优良品德呢？

1. 劳动培养责任意识

在生产的过程中，分工要求每一个成员对自己所在的工作环节负责，如果因为自己的懈怠和懒惰而使整个集体的利益受到损失，那么这个人不但要受到集体舆论的讨伐，同时也要承担集体的惩罚。因此，在集体中进行的劳动教育能够使人意识到自己的劳动对于集体利益的重要意义，从而培养个人的责任意识和使命感。

2. 劳动培养组织能力

学生将来会成长为共产主义事业的接班人，拥有一定的组织能力是积极投入民族复兴这项伟大事业的重要条件之一。马卡连柯认为，有组织的劳动能够培养集体成员良好的组织能力，这种能力包括"善于命令"和"善于服从"两个部分。组织者要学会"善于命令"，不能因为自己的权力而自傲，只有当他意识到自己发出的命令承载着大多数集体成员的意志时，他才能够发出命令。对组织者发出的命令要用积极的态度给予回应，拥护正确的命令。

3. 劳动培养奉献精神

劳动教育尤其是生产劳动教育在组织的过程中需要耗费大量的时间，在这种长时期的劳动组织的过程中，必须有人要甘于奉献却又不求回报，即凭借着对集体的美好未来的憧憬及强烈的集体荣誉感而努力工作。这些人对后来的集体成员也是一种很好的模范示范，会催促他们为集体的利益而努力奋斗，奉献自己的力量。

2019年9月29号上午，中华人民共和国国家勋章和国家荣誉称号颁授仪式在人民大会堂举行。江苏开山岛民兵哨所原所长王继才被授予"人民楷模"国家荣誉称号。从1986年开始，他和妻子守卫开山岛，坚决与走私、偷渡等不法分子做斗争，有力捍卫了国家利益。2018年7月，王继才在开山岛上因突发疾病去世，他把人生最美好的年华无私奉献给国防和海防事业。

4. 劳动培养彼此友谊

按劳分配是社会主义生产资料所有制决定的最基本的分配方式，劳动理所当然是获取所需的前提。集体中的共同劳动可以培养出一种同志关系，这种同志关系表现为要求他人跟自己一样为了集体的利益而努力劳作，对劳动者保持亲属般的友谊和爱护，而对那些不劳动的人表现出谴责和愤怒。

二、劳动增智

劳动不仅是对知识教育的补充，其本身就蕴涵着丰富的知识内容。在系统的书本知识学习之外，切实经历动手实践，出力流汗，接受锻炼，磨练意志，是知识建构的重要过程。毛泽东在《人的正确思想是从哪里来的？》一文中，分析了人类认知事物过程中实践的重要性，指出感性认识需要在不断实践中积累，积累到一定程度转化为理性认识，理性认识再返回到实践中去检验，从感性认识再到理性认识，循环往复，不断上升，最终达到对事物全面深刻的理解和认识。南宋诗人陆游诗云："纸上得来终觉浅，绝知此事要躬行。"意谓从书本上学来的东西终归是浅显的，只有参加到实践活动中才能够获得最真实的知识。实践知识本身就是一种知识，不身体力行地动手操作，不可能领悟其中的奥秘。

> **知识链接**

劳动增智的五大目标

1. 观察力

观察力是指大脑对事物的观察能力，如通过观察发现新奇的事物等，在观察过程对声音、气味、温度等有一个新的认识，并通过对现象的观察，提高对事物本质认识的能力。我们可以在学习训练中增加一些训练内容，如观察和想象项目，通过训练来提高学员的观察力和想象力。

2. 注意力

注意力是指人的心理活动指向和集中于某种事物的能力。如有的学生能全神贯注地长时间地看书和研究课题等，这就是注意力强的体现。

3. 记忆力

记忆力是识记、保持、再认识和重现客观事物所反映的内容和经验的能力。例如，我们年老时也还记得父亲母亲年轻时的形象、少年时家庭的环境等一些场景，这就是人的记忆在起作用。

4. 思维力

思维力是人脑对客观事物间接的、概括的反映能力。当人们在学会观察事物之后，他逐渐会把各种不同的物品、事件、经验分类归纳，不同的类型他都能通过思维进行概括。思维力是智力的核心。

5. 想象力

想象力是人在已有形象的基础上，在头脑中创造出新形象的能力。如当你说起汽车，我马上就想象出各种各样的汽车形象来。因此，想象一般是在掌握一定的知识面的基础上完成的。

第二节 劳动强体、育美

扫一扫
劳动强体、育美

一、劳动强体

苏霍姆林斯基认为，每一个人都离不开劳动，劳动有助于增强体质，让人拥有健康的体魄。劳动能改善睡眠，使人身强体壮。相对于健身，从事体力劳动讲究更多的是平衡、杠杆、全身肌肉和力量调动，讲究整体，技巧性更强。在劳动中，只

第二章　新时代劳动的价值

要掌握好疲劳程度，不松懈的劳动锻炼都是有益于健康的。

很多学生沉迷于电脑和手机游戏，长期保持同一畸形姿势，导致骨骼关节变形，视力下降。而劳动能使他们抬头远望，舒展身姿，有利于身体生长发育。劳动不仅能给肉体带来健康，同时还能给心灵带来充实与宁静。

需要注意的是，并不是所有劳动一开始都能给人带来强体的效果。如果当所选的劳动强度超出了自身负荷，那么将会给身体机能造成严重的危害。所以，在选择所要进行的劳动项目时，一定要根据自身实际情况，做到真正的循序渐进、以劳强体。

知识链接

这些家务劳动（见表2-1），你知道它们锻炼了身体的哪些部位吗？

表2-1　家务劳动与锻炼部位的对应关系

家务劳动	锻炼部位
扫地	胸部、背部、手臂
清洁马桶	背部、手臂
擦洗浴缸	背部、手臂
烹饪	上半身
拖地	肩膀
洗衣	上半身、胸部
洗碗	前臂、肱二头肌、胸部

二、劳动育美

马克思在阐述劳动的本质属性时使用了"美的规律"这个概念，指出"动物只是按照它所属的那个种的尺度和需要来构造，而人却懂得按照任何一个种的尺度来进行生产，并且懂得处处都把固有的尺度运用于对象；因此，人也按照美的规律来构造"。在实践中，我们也能感受到遵循客观规律创造美的过程。比如，农民为了让水田的水更均匀地浇灌每棵秧苗，要用耙耱把水田的地面整理平展，这项生产技术叫"做水平"，它同时也造就了"绿满山原白满川"的田园景观。园林工人栽培树木时，都会把树的株距、行距排列均匀有序，为的是确保每一棵树都能均衡地享受阳光、空气等自然养分，树木也只有拼命笔直上长，才能享受到最优的生长环境。这是栽培树木的客观规律，也是树林充满几何图形般整齐和音乐律动感的原因。这些都让我们感受着"劳动创造美"的审美愉悦。劳动实践不仅能够唤起人对美的赋形、美的

15

色彩和美好生活的感知,还能让人通过长期的学习和思考,体察客观事物发展变化的美的规律。离开劳动实践,缺少应有的感性认识和训练,就会缺乏对这种规律和美感的认识。

第三节 劳动让我们变得聪明

简单来说,劳动分为体力劳动和脑力劳动,脑力劳动当然会促进智力发展,大脑跟身体其他部位一样,经常使用才能保持高效运作。尤其是在我们这个年龄,正在最具有活力的时候,多动脑当然会变得更聪明。另一方面,体力劳动也会促进智力发展。

科学实验证明,体力劳动有助于调节神经系统的功能,能促进和改善全身的血液循环,加快新陈代谢,使大脑得到充分的营养物质和氧分子,有助于消除疲劳,恢复正常功能,从而使精神振奋,心情愉快。动手是我们发展思维的体操。俗话说:"心灵手巧",反之亦然手巧心灵。体力劳动,是通过手脚的活动来实现的,而孩子劳动和成人劳动在意义和内涵上有所不同。对孩子的要求只是最基本的生活自理和做一些力所能及的家务等。通过这些基本劳动训练,可以使孩子的双手和大脑协调发展。对孩子进行早期劳动训练,可以使孩子脑细胞得到更多的刺激,加快脑细胞发育成长,更有利于开发脑细胞的作用。在营养良好的情况下,劳动还能促进大肌肉、小肌肉的发育,劳动在培养健康体魄上所起的作用,同运动一样重要。许多劳动能显示体力与技巧多种多样的结合。因此,苏联教育家苏霍姆林斯基认为:劳动不仅使人"心地正直",而且能使人"身强力壮"。

人是通过个人的努力获得的成就得以发展的,人的发展既有赖于心理的因素,也有赖于身体的因素,身体的记忆也是大脑的记忆,脑力和体力绝非对立的,人的智慧是通过感官印象的力量形成的。正是通过这种神秘的内在劳动,我们的理性才得以发展。归根到底理性是人与非理性生物相区别的标志。人是可以做理性判断的,由此通过行为决定他自己的行动进程。通过劳动,我们履行自己在这个世界上的使命,并不断增进智慧。劳动是意识发展的必不可少的因素,体力劳动是智力发展的一个基本要素,因为智力的发展有赖于从外界获得印象。通过劳动,我们获得许多经验,经过抽象总结,变成智慧,智慧指导我们使用正确的方法劳动,人类因此强大起来。可以说,是劳动使心灵和世界联系起来。

让我们动起来吧,身体常常活动,大脑和心灵也会跟着动起来的。

第二章 新时代劳动的价值

小测试

测测你的生活自理能力达到了几岁的标准

6岁，会自己洗澡，会用毛巾擦背，会叠好自己的衣服，有序地放置在衣柜中，会叠好自己的小被子。

7岁，会整理自己的房间，打扫客厅，帮家长洗碗筷，收拾饭后的饭桌、餐具，会自己洗头，会自己整理自己的书包。会帮父母浇花，喂小宠物，会给父母、亲戚打电话。

8岁，会安排自己一日的作息，会擦拭家具、门窗玻璃，会用拖把拖地，会用吸尘器清洁房间，会在小区的小商店购买文具、家庭生活用品。会识别交通标识，并安全行走在大街上。

9岁，会为客人倒茶、冲咖啡，会帮父母接待客人。会以得体的挂图、照片、绘画布置自己的房间。会热饭，用电热水壶烧开水。会打扫楼梯，会分类放置学习资料和图书。会运用110、119、120等紧急救助电话。

10岁，会用洗衣机、微波炉，单独在家时能保护自己的安全，懂得使用应急措施。

11岁，会为家庭做简单饭菜，会使用煤气灶和烤箱，会整理自己的日记、相册、纪念品、奖状，会为自己设计一个成长筐。

12岁，会亲手制作贺卡，会修理自己简单的玩具，会用吹风机吹干头发，会使用创可贴、碘酒处理小伤口，会调节空调至最佳的节能状态，会选择合身的衣物，会为自己的零用钱做妥善的安排。

13岁，会整理冰箱中的食物，能提出家庭安排的意见，会照顾生病的父母。

14岁，会为家庭到超市选购一周的食物、节日的礼品，会到银行提款，会修理家中电器的简单故障，会换灯泡，会使用漏电保护开关，会使用电笔、电子血压器、体温计。

15~16岁，会送生病的父母或生病的同学到医院挂号，获得救助，会洗摩托或汽车。

> 拓展阅读

人工智能时代更需重视劳动教育

劳动是中华民族的传统美德，教育与生产劳动相结合也是马克思关于人的全面发展理论的重要内容。2020年3月20日，中共中央、国务院印发了《关于全面加强新时代大中小学劳动教育的意见》（简称《意见》），明确指出劳动教育是中国特色社会主义教育制度的重要内容，直接决定社会主义建设者和接班人的劳动精神面貌、劳动价值取向和劳动技能水平，强调要把劳动教育纳入人才培养全过程。

近年来，劳动教育一直是教育界关注的热点。习近平总书记在多个场合多次强调要重视劳动教育，比如在全国教育大会上和全国高校思想政治工作会议上，他都强调要构建德智体美劳全面培养的教育体系，希望广大青年通过劳动砥砺意志、锤炼品格、增长才干、塑造健全人格，通过劳动不断提高综合素质与劳动素养，练就真本领。

《意见》特别指出，劳动教育要"体现时代特征"。当今世界正在进入数字时代，人工智能的迅速发展正在深刻改变人类社会生活、改变世界。人工智能的概念最初诞生于1956年"达特茅斯会议"，经过半个多世纪的发展，人工智能这个词在我们生活中出现的频率越来越高，从产业界、学术界一直燃烧到媒体和普通大众层面。为抢抓人工智能发展的重大战略机遇，我国于2017年正式提出《新一代人工智能发展规划》，将发展人工智能上升到国家战略高度。当人工智能正在重塑各行各业的形态，当我们从体力劳动以及一些常规性的脑力劳动中解放出来之后，今天我们来理解劳动教育，就应当赋予其新的时代内涵。

一方面，劳动教育并不只是对某种生活技能的单纯机械训练，更重要的是要在劳动实践中唤起人们对自身主体价值的觉知，在劳动中真实感知完整生活的意义。另一方面，劳动教育是要建立人们与真实世界的连接。人工智能与教育的深度融合发展，虚拟环境与现实环境的相互交融，使我们今天学习知识比以往任何时候都要便捷，那么知识是否会必然带来能力的提升，这中间却是不能完全画等号的。

我们在今天强调劳动教育，就是要强调其实践性，推动教育由知向行转化。

具体来说，劳动教育在人工智能时代的重要性主要体现在以下三个方面。

第一，人的社会交往。社会性是人的本质属性。马克思强调，"人的本质不是单个人所固有的抽象物，在其现实性上，它是一切社会关系的总和"。人工智能技术的发展使得我们传统的交流方式正在改变，人机关系、虚拟和现实关系正在成为人际交往的重要组成部分。人与人交流的物理性限制在不断地消失，但与此同时，网络依赖症、微信依赖症、手机依赖症等各种社交工具，在一定程度上对现实中的人际关系带来了陌生化的挑战。劳动教育通过家务劳动、校园劳动、社区劳动以及社会志愿者活动实践，可以很好地拓展人在现实环境中的社会交往能力。我们在劳动教育的实践中，也可以重新思考如何处理与他人、与社会的关系，通过这些实践活动，从而提高自身的主体意识、合作意识、大局意识以及解决问题的能力。

第二，人的思维。互联网已经成为我们生活不可或缺的一部分，当我们随时随地可以通过智能手机上网获取解决问题的答案时，互联网也在改变着我们的思维方式。既然数字时代获取知识如此方便，那么通过网络寻找答案当然也是解决问题的途径之一。但思想的成熟是需要有一个持续不断的训练过程的。如果我们碰到问题首先想到的就是网络，对问题没有调查研究，或者调查了之后也没有形成对结论的真实性进行独立思考的过程和习惯，那么很难说我们的思想就是成熟的。劳动蕴含着人的心智和思维方式，今天的劳动教育，更多地着眼于提高人的思考力、创造力和创新力，这些能力正是人工智能时代我们需要具备的核心素养。

第三，人的价值观。在马克思看来，劳动本身就是真善美相统一的过程。人工智能时代强调劳动教育，重要的是弘扬劳动精神。"民生在勤，勤则不匮"。中华民族是勤于劳动、善于创造的民族。正是因为劳动创造，我们拥有了历史的辉煌；也正是因为劳动创造，我们拥有了今天的成就。正如习近平总书记所说，"幸福都是奋斗出来的"。通过劳动教育，要使广大学生能够理解和形成马克思主义劳动观，真正崇尚劳动，尊重劳动，树立劳动最崇高、劳动最伟大、劳动最美丽的观念，培养勤俭、奋斗、创新、奉献的劳动精神，通过辛勤劳动、诚实劳动、创造性劳动来开创我们美好的未来。

（资料来源：求是网，2020年04月03日，作者戴菁）

"共和国勋章"的获得者——屠呦呦

疟疾是世界上最主要的高死亡率传染病。青蒿素的发现，为世界带来了一种全新的抗疟药。以青蒿素为基础的联合疗法已经成为疟疾的标准治疗方法，在过去的20多年间，青蒿素联合疗法在全球疟疾流行地区广泛使用。据世卫组织不完全统计，青蒿素在全世界已挽救了数百万人的生命，每年治疗患者数亿人。

"中医药人撸起袖子加油干，一定能把中医药这一祖先留给我们的宝贵财富继承好、发展好、利用好。"中国中医科学院终身研究员、国家最高科学技术奖获得者、诺贝尔生理学（医学）奖获得者屠呦呦的声音铿锵有力。60多年来，她从未停止中医药的研究实践。

2015年10月5日，瑞典卡罗琳医学院宣布将诺贝尔生理学（医学）奖授予屠呦呦以及另外两名科学家，以表彰他们在寄生虫疾病治疗研究方面取得的成就。

这是中国医学界迄今为止获得的最高奖项，也是中医药成果获得的最高奖项。屠呦呦说："青蒿素是人类征服疟疾进程中的一小步，是中国传统医药献给世界的一份礼物。"

20世纪60年代，在氯喹抗疟失效、人类饱受疟疾之害的情况下，在中医研究院中药研究所任研究实习员的屠呦呦于1969年接受了国家疟疾防治项目"523"办公室艰巨的抗疟研究任务。屠呦呦担任中药抗疟组组长，从此与中药抗疟结下了不解之缘。

由于当时的科研设备比较陈旧，科研水平也无法达到国际一流水平，不少人认为这个任务难以完成。只有屠呦呦坚定地说："没有行不行，只有肯不肯坚持。"

通过整理中医药典籍、走访名老中医，她汇集了640余种治疗疟疾的中药单秘验方。在青蒿提取物实验药效不稳定的情况下，出自东晋葛洪《肘后备急方》中对青蒿截疟的记载："青蒿一握，以水二升渍，绞取汁，尽服之。"这给了屠呦呦新的灵感。

通过改用低沸点溶剂的提取方法，富集了青蒿的抗疟组分，屠呦呦团队最终于1972年发现了青蒿素。据世卫组织不完全统计，在过去的20年里，青蒿素作为一线抗疟药物，在全世界已挽救数百万人生命，每年治疗患者数亿人。

每当谈起青蒿素的研究成果，屠呦呦总是会说："研究成功是当年团队集体攻关的结果。"而鲜为人知的是，起步时的屠呦呦团队只有屠呦呦和两名从事化学工作的科研人员，后来才逐步成为化学、药理、生药和制剂的多学科团队。

中国中医科学院首席研究员、青蒿素研究中心学术委员会主任姜廷良说："对青蒿素作用机理的研究，需要'大协作'思维。"在这样的思路下，屠呦呦的团队结构发

第二章 新时代劳动的价值

生了变化。

目前,屠呦呦团队共30多人,这些研究人员并不局限于化学领域,而拓展到药理、生物医药研究等多个学科,形成多学科协作的研究模式。屠呦呦介绍,未来青蒿素的抗疟机理将是她和科研团队的攻关重点。

"在对青蒿素抗疟机理研究方面,我们目前正在深入探讨'多靶点学说',并已取得一定研究进展。"中国中医科学院研究员、青蒿素研究中心学术委员会副主任廖福龙说,"青蒿中除青蒿素以外的某些成分虽然没有抗疟作用,但却能促进青蒿素的抗疟效果。"不仅如此,科研人员在对双氢青蒿素的深入研究中,发现了该物质针对红斑狼疮的独特效果。屠呦呦介绍,根据现有临床探索,青蒿素对盘状红斑狼疮和系统性红斑狼疮有明显疗效。

世界卫生组织发布的《2018年世界疟疾报告》显示,全球疟疾防治进展陷入停滞。多项研究表明,在大湄公河次区域等地区,出现不同程度的对青蒿素联合疗法的抗药现象。

2019年4月25日,第十二个世界疟疾日,中国中医科学院青蒿素研究中心和中药研究所的科学家们在国际权威期刊《新英格兰医学杂志(NEJM)》提出了"青蒿素抗药性"的合理应对方案。呦呦团队提出,面对"青蒿素抗药性"现象,延长用药时间,疟疾患者还是能够被治愈。除此之外,现有的"青蒿素抗药性"现象在不少情况下其实是青蒿素联合疗法中的辅助药物发生了抗药性。针对这种情况,更换联用疗法中的辅助药物,就会取得更好的效果。

屠呦呦说,青蒿素价格低廉,每个疗程仅需几美元,适用于疫区集中的非洲广大贫困地区人群。因此研发廉价青蒿素联合疗法对实现全球消灭疟疾的目标意义非凡。

"中国医药学是一个伟大宝库,青蒿素正是从这一宝库中发掘出来的。未来我们要把青蒿素研发做透,把论文变成药,让药治得了病,让青蒿素更好地造福人类。"屠呦呦说。

(资料来源:根据《人民日报》,2019年10月05日有关资料整理)

思考与练习

当今世界正在进入数字时代,人工智能的迅速发展正在深刻改变人类社会生活、改变世界。人工智能的概念最初诞生于1956年"达特茅斯会议",经过半个多世纪的发展,人工智能这个词在我们生活中出现的频率越来越高,从产业界、学术界一直燃烧到媒体和普通大众层面。为抢抓人工智能发展的重大战略机遇,我国于2017年正式提出《新一代人工智能发展规划》,将发展人工智能上升到国家战略高度。

当人工智能正在重塑各行各业的形态,当我们从体力劳动以及一些常规性的脑力劳动中解放出来之后,还有必要提倡劳动教育吗?

实践活动

"从新冠肺炎看劳模精神有感"主题演讲

2020年春,一场突如其来的新冠肺炎疫情肆虐全国,并迅速波及全国及至世界各地。在党中央的领导下,全国人民,万众一心,众志成城,打响了一场防控疫情的全民战"疫"。医护人员等"战士"冲锋在前,在人民与病毒之前砌起高墙,在没有硝烟的战场上冲锋陷阵,纺织、保障供应等业务的劳模"战斗"在后,他们立足岗位,以行动支援前线……。

请以"以新冠肺炎看劳模精神有感"为主题展开一场主题演讲比赛。

演讲思路:

写作要点:

演讲准备要点及完成情况:

心得体会:

【结果评价】

教师可参考表2-1对学生的主题演讲进行评价。

表2-1 主题演讲评价表

评价标准	评价细则	分值	分数小计	教师评价
演讲内容	故事真实、典型	20分		
	体现自身的感悟	10分		
	抗疫故事体现时代精神	10分		
语言表达	语速适当,吐字清晰	10分		
	声音洪亮、有节奏感	10分		
形象风度	适当应用手势、表情等辅助表达	20分		
综合表现	讲述效果好,富有较强的感染力	20分		

第三章

传承新时代劳模精神、劳动精神、工匠精神

> **学习导读**
>
> 　　新冠肺炎疫情汹涌来袭。应对疫情,全国人民在党中央坚强领导和各方面大力支持下,全国疫情防控阻击战取得重大战略成果。在这场疫情阻击战中,每一位中国人都发挥了不可忽视的作用。不管是居家隔离的公众、火线冲锋的医生,还是加班加点的工厂工人、昼夜驰骋的物流司机、奋战不止的志愿者群体,抑或是默默付出的清洁工人,都为阻遏疫情贡献了自己一份力。不论是疫情防控还是复工复产、复商复市,每一个非凡成就,都建立在广大劳动者只争朝夕的奋斗之上。为每一位平凡的中国人点赞,为劳动创造价值点赞。

> 导读案例

"马班邮路"上的传奇

1984年，19岁的王顺友接过父亲的班，当上了木里县邮政局的邮递员，从此过上了与马为伴的日子。

在20世纪以前，木里大部分的乡镇都不通公路和电话。以马驮人送为手段的邮路是当地乡政府和百姓与外界保持联系的唯一途径。全县除县城外，15条邮路全部是"马班邮路"，而且绝大部分在海拔4000米以上的高山上。

王顺友负责的是从木里县城至白碉乡、三桷桠乡、倮波乡、卡拉乡的邮路，一个月里，他有28天奔走在路上，往返584公里。一个人，一匹马，一条路，一壶酒。路，似乎永远没有尽头。先翻越海拔5000米、一年中有一半时间被冰雪覆盖的察尔瓦梁子，再走进海拔1000米、最热时气温高达40摄氏度的雅砻江河谷，途中穿越大大小小的原始森林和山峰沟梁……季节的变换浓缩在每一趟28天的路途中。有时候，甚至在一天里也能经历从严冬到酷暑。冬天一身雪，夏天一身泥，饿了吞几口糌粑面，渴了喝几口山泉水或啃几口冰块，晚上蜷缩在山洞里、大树下或草丛中与马相伴而眠，如果赶上下雨，就得裹着雨衣在雨水中躺一夜。

冰雹、暴雪、大雨、泥石流，不期而遇的自然灾害让这条无人相伴的道路变得危机四伏。

1998年8月，木里县遭遇泥石流，进入白碉乡的路、桥全被冲毁，白碉乡成为"孤岛"。按规定，王顺友可以不跑这趟邮班，但当他在邮件中发现两封大学录取通知书时，骑上了马，急急忙忙地出发了。到达目的地时，15公斤的邮件干干净净，完好无损，而污水、泥土和鲜血却沾了他一身。看到手捧通知书的王顺友，学生和家长感动得流出泪水。

他在中国的西南山区遥远的一隅，用自己在路上每一天、每一步的奉献和执着，汇聚成撑起发展、进步和希望的脊梁。

（资料来源：根据《人民日报》，2016年06月22日有关资料整理改写）

第三章　传承新时代劳模精神、劳动精神、工匠精神

名人名言

我觉得人生求乐的方法，最好莫过于尊重劳动。一切乐境，都可由劳动得来，一切苦境，都可由劳动解脱。

——李大钊

第一节　新时代劳模精神、劳动精神、工匠精神的科学内涵

劳模精神、劳动精神、工匠精神，是广大劳动群众在从事社会生产的劳动实践中锤炼形成的，是我们弥足珍贵的精神财富。我们应该以习近平总书记关于劳模精神、劳动精神、工匠精神的系列重要讲话作为重要遵循，深刻领会科学内涵及其相互关系，通过传承弘扬劳模精神、劳动精神、工匠精神，助力实现中华民族伟大复兴的中国梦。

一、劳模精神的科学内涵

劳模精神的科学内涵——爱岗敬业、争创一流，艰苦奋斗、勇于创新，淡泊名利、甘于奉献。"劳"，表示劳动，这是劳模的基本前提。"模"，体现了一种"示范"和"楷模"的价值导向，一种可近、可亲、可信、可学的榜样作用。"劳模"，意味着"先进符号"，是人民授予生产建设中先进人物的一种崇高称号，以表彰劳动中有显著成绩或者重大奉献可以作为榜样的人。

套用"学而优则仕"的说法，劳模可谓"劳而优则模"，意味着奉献，代表着社会对他们劳动的承认及对其价值的尊重。

劳模精神是劳动模范身上体现出来的劳动精神。"劳动模范身上体现的'爱岗敬业、争创一流，艰苦奋斗、勇于创新，淡泊名利、甘于奉献'的劳模精神，是伟大时代精神的生动体现。"习近平总书记关于劳模精神的表述，为我们科学理解和大力弘扬劳模精神提供了正确的方向和指导。这需要我们一方面正确理解这一表述中六个词汇的各自含义，又要从整体上把握劳模精神的科学内涵。

总体上看，这一表述一方面道出了劳模之所以能在广大劳动者群体中脱颖的根本原因，另一方面也为广大劳动者群体提出了奋斗的目标和方向。六个词汇中，爱岗敬业是对做好工作的基本要求，争创一流是对先进性的不懈追求；艰苦奋斗是不畏艰难困苦、坚持奋发进取的工作作风，勇于创新是敢于创新、善于创新的担当使命，是劳模精神的核心；淡泊名利是轻视外在的名声与利益的崇高境界，甘于奉献是对自己的事业无私奉献不求回报的主动修为。做一个守本分、有追求、讲作风、担使命、有境界、有修为的人，是每一位劳模的精神风范，更是每一位劳动者应该追求的目标。

> **拓展阅读**
>
> **习近平给中国劳动关系学院劳模本科班学员的回信**
>
> 中国劳动关系学院劳模本科班的同志们：
>
> 　　你们好！"五一"国际劳动节前夕，收到你们的来信，我感到十分高兴。你们为党和国家事业发展做出了突出贡献，被评为劳动模范，如今又在读书深造，这是对大家辛勤劳动、无私奉献的褒奖，也是党和国家对劳动者的关怀。
>
> 　　社会主义是干出来的，新时代也是干出来的。希望你们珍惜荣誉、努力学习，在各自岗位上继续拼搏、再创佳绩，用你们的干劲、闯劲、钻劲鼓舞更多的人，激励广大劳动群众争做新时代的奋斗者。
>
> 　　我一直强调，劳动最光荣、劳动最崇高、劳动最伟大、劳动最美丽。全社会都应该尊敬劳动模范、弘扬劳模精神，让诚实劳动、勤勉工作蔚然成风。
>
> 　　值此"五一"国际劳动节之际，我向你们、向全国所有劳动模范、向全国广大劳动者，致以节日的问候。
>
> 　　　　　　　　　　　　　　　　　　　　　　　　习近平
> 　　　　　　　　　　　　　　　　　　　　　2018年04月30日
>
> （资料来源：新华网，2018年04月30日）

探讨分享

作为当代大学生，你认为应该从哪些方面向劳模学习？

二、劳动精神的科学内涵

　　劳动精神的科学内涵——劳动光荣、劳动伟大，遵纪守法、勤勉工作，诚实守信、坦荡无私。劳动精神是每一位劳动者为创造美好生活而在劳动过程中秉持的劳动态度、劳动理念及其展现出的劳动精神风貌。劳动是财富的源泉，也是幸福的源泉。人世间的美好梦想，只有通过诚实劳动才能实现；生命里的一切辉煌，只有通过诚实劳动才能铸就。劳动创造了中华民族，造就了中华民族的辉煌历史，也必将创造出中华民族的光明未来。习近平总书记强调：

　　"我们要在全社会大力弘扬劳动精神，提倡通过诚实劳动来实现人生的梦想、改变自己的命运，反对一切不劳而获、投机取巧、贪图享乐的思想。"全社会都要热爱劳动，以辛勤劳动为荣，以好逸恶劳为耻。

　　新时代的劳动精神重塑了劳动是人的全面而自由的发展的美好追求，表现为一切符合时代要求、创造各种价值的勤奋劳动、诚实劳动和创造性劳动行为及其所体现出来尊重劳动、崇尚劳动、热爱劳动的积极状态。尊重劳动是把劳动视为人类的本质活动和创造财富的源泉，奉行"劳动光荣、劳动伟大"的劳动认知，即劳动是财

第三章 传承新时代劳模精神、劳动精神、工匠精神

富和幸福的源泉，是我们个人和社会发展的原初动力。崇尚劳动是认可劳动价值虽有大小，但职业并无高低，秉持"遵纪守法、勤勉工作"的劳动态度，即只有辛勤劳动才能收获多多。俗话说，"天道酬勤，勤能补拙"，我们中华民族就是一个勤劳的民族。热爱劳动是发自内心热爱，身体力行劳动，爱惜劳动成果，遵循"诚实守信、坦荡无私"的劳动品德，即劳动的态度要诚实、认真、投入，不弄虚作假、投机钻营，因为只有诚实劳动才会实现美好梦想，铸就生命辉煌。学习和践行劳动精神就是全社会都要热爱劳动、崇尚劳模，让每一个劳动者在劳动中找到自己的人生定位和实现自己的人生价值。

> **拓展阅读**
>
> **习近平给郑州圆方集团全体职工的回信**
>
> 郑州圆方集团全体职工：
>
>   你们好！新冠肺炎疫情发生后，你们在集团党委带领下，一直坚守保洁、物业等岗位，不少同志主动请战驰援武汉等地的医院，以实际行动为抗击疫情做出了贡献。大家辛苦了！
>
>   伟大出自平凡，英雄来自人民。面对这次突如其来的疫情，从一线医务人员到各个方面参与防控的人员，从环卫工人、快递小哥到生产防疫物资的工人，千千万万劳动群众在各自岗位上埋头苦干、默默奉献，汇聚起了战胜疫情的强大力量。希望广大劳动群众坚定信心、保持干劲，弘扬劳动精神，克服艰难险阻，在平凡岗位上续写不平凡的故事，用自己的辛勤劳动为疫情防控和经济社会发展贡献更多力量。
>
>   值此"五一"国际劳动节之际，我向你们、向全国各族劳动群众致以节日的问候！
>
> 习近平
2020年4月30日
>
> （资料来源：新华网，2020年04月30日）

探讨分享

谈一谈，弘扬劳动精神与实现人生价值的关系。

三、工匠精神的科学内涵

  工匠精神的科学内涵——爱岗敬业，精益求精，协作共进，追求卓越。新时代的"工匠精神"的基本内涵，主要包括爱岗敬业的职业精神、精益求精的品质精神、协作共进的团队精神、追求卓越的创新精神这四个方面的内容。其中，爱岗敬业的职业精神是根本，精益求精的品质精神是核心，协作共进的团队精神是要义，追求

卓越的创新精神是灵魂。

（一）爱岗敬业的职业精神

爱岗敬业，是爱岗和敬业的合称，二者互为表里，相辅相成。爱岗是敬业的基础，而敬业是爱岗的升华。具体来说，所谓"爱岗"，就是要干一行，爱一行，热爱本职工作，不能见异思迁，站在这山望那山高。所谓"敬业"，就是要钻一行，精一行，对待自己的工作要勤勤恳恳，兢兢业业，一丝不苟，认真负责。笔者调研中发现，凡是获得"工匠"和"劳模"荣誉称号的工人，都是爱岗敬业的典范，很多人都在本职岗位上工作了二三十年之久，干出了一番事业。所以，"工匠精神"最根本的内涵，就是"爱岗敬业的职业精神"。

（二）精益求精的品质精神

顾名思义，精益求精，是指一件产品或一种工作，本来做得很好了，很不错了，但还不满足，还要做得更好，达到极致。"精益求精的品质精神"是"工匠精神"的核心，一个人之所以能够成为"工匠"，就在于他对自己产品品质的追求，只有进行时，没有完成时，永远在路上；他不惜花费大量的时间和精力，反复改进产品，努力把产品的品质从99%，提升到99.9%，再提升到99.99%。对于"工匠"来说，产品的品质只有更好，没有最好。

（三）协作共进的团队精神

如果说"爱岗敬业的职业精神""精益求精的品质精神"是传统的"工匠精神"中具有的内涵，那么，"协作共进的团队精神"则主要体现于新时代的"工匠精神"之中。因为和传统工匠不同，新时代工匠尤其是产业工人的生产方式已不再是手工作坊，而是大机器生产，他所承担的工作，只是众多工序中的一小部分。比如"复兴号"列车，一列车厢就有三万七千多道工序，这三万七千多道工序，一个人是不可能完成的，必须由车间或班组亦即团队协作来完成。团队需要的是"协作共进"，而不是各自为战。因此，"协作共进的团队精神"是现代"工匠精神"的要义。所谓"协作"，就是团队成员的分工合作；所谓"共进"，就是团队成员的共同努力、共同进步。

（四）追求卓越的创新精神

和"协作共进的团队精神"一样，"追求卓越的创新精神"也是新时代"工匠精神"的内涵之一，甚至是新时代"工匠精神"的灵魂。传统的"工匠精神"强调的是继承，祖传父、父传子、子传孙，是传统工匠传承的一种主要方式，而新时代的"工匠精神"强调的则是在继承基础上的创新。因为只有在继承基础上的创新，才能跟上时代前进的步伐，推动产品的升级换代，以满足社会发展和人们日益增长的对美好生活的需要。有无"追求卓越的创新精神"，是判断一个工人能否称之为新时代"工匠"的一个重要标准。

第三章　传承新时代劳模精神、劳动精神、工匠精神

> **拓展阅读**
>
> ### 在新时代大力弘扬工匠精神
>
> 　　工匠精神是一种严谨认真、精益求精、追求完美、勇于创新的精神。党的十八大以来,习近平总书记多次强调要弘扬工匠精神。党的十九大报告提出"弘扬劳模精神和工匠精神"。党的十九届四中全会《决定》提出"弘扬科学精神和工匠精神"。在新时代大力弘扬工匠精神,对于推动经济高质量发展、实现"两个一百年"奋斗目标具有重要意义。
>
> 　　我国自古就有尊崇和弘扬工匠精神的优良传统,一些工艺水平在世界上长期处于领先地位。瓷器、丝绸、家具等精美制品和许多庞大壮观的工程建造,都离不开劳动者精益求精的工匠精神。《诗经》中的"如切如磋,如琢如磨",反映的就是古代工匠在切割、打磨、雕刻玉器等时精益求精、反复琢磨的工作态度。《庄子》中讲庖丁解牛游刃有余,"道也,进乎技矣"。可以说,我国古代非常注重工匠精神,形成了"尚巧工"的社会氛围。新中国成立以来,我们党在带领人民进行社会主义现代化建设的进程中,始终坚持弘扬工匠精神。无论是"两弹一星"、载人航天工程取得的辉煌成就,还是高铁、大飞机等的设计与制造,都离不开工匠精神,都展现出我们对工匠精神的继承与发扬。
>
> 　　一个国家、一个民族的发展,离不开各行各业劳动者的共同推动。社会对各种人才的评价会直接影响劳动者努力进取的方向。我国虽然有"尚巧工"的传统,但技能人才在传统社会一直得不到应有重视。当前,社会上依然存在轻视职业教育、不重视技能人才的现象。2019年9月,习近平总书记对我国选手在世界技能大赛取得佳绩作出重要指示强调:"劳动者素质对一个国家、一个民族发展至关重要。技术工人队伍是支撑中国制造、中国创造的重要基础,对推动经济高质量发展具有重要作用。""要在全社会弘扬精益求精的工匠精神,激励广大青年走技能成才、技能报国之路。"这就要求我们倡导尊崇工匠精神的社会风尚,为弘扬工匠精神营造良好社会氛围。弘扬工匠精神,还要形成相应体制机制。健全技能人才培养、使用、评价、激励制度,注意提高劳模和技能人才的政治待遇、经济待遇、社会待遇,为劳模和技能人才发挥作用搭建宽广舞台,使他们在经济上有保障、发展上有空间、社会上有地位。
>
> (资料来源:人民网,2020年04月20日)

> **探讨分享**
>
> 谈一谈，弘扬劳动精神与实现人生价值的关系。

四、劳模精神、劳动精神、工匠精神的关系

（一）劳模精神和劳动精神的关系

劳模精神和劳动精神是部分和整体的关系。从主体上看，劳模精神的主体是劳模群体，劳动精神的主体是所有劳动者，而劳模群体是广大劳动者群体中的佼佼者和杰出代表，也是广大劳动者学习的榜样和楷模。劳模的本意就是劳动者的模范。劳模群体是劳动者群体中的一部分。从这个意义上讲，劳模精神也是劳动精神的一部分。劳动精神是做一名合格的劳动者应该有的精神，劳模精神则是成为劳模必须有的精神。做劳动者不合格，做劳模更不可能。没有劳动精神，也很难有劳模精神。所以，劳动精神应该成为所有劳动者都必须拥有的精神。劳模精神也是所有劳动者都应该学习的精神。二者同时存在方向和基础的关系。劳模精神是方向，劳动精神是基础。

> **拓展阅读**
>
> **一名劳模的闪光足迹——记全国煤炭工业劳动模范韩利果**
>
> 今年31岁的韩利果，来自河南省清丰县一个偏僻的农村。2005年3月，在朋友的介绍下，他怀揣着改变自身命运的梦想，来到河南能源鹤煤公司二矿采煤一队当了一名协议工。
>
> 身为农民的孩子，韩利果从小就有不怕吃苦、敢于争先的劲头和犟劲。老工人每班干10棚，作为新工人的他每班也干10棚，打柱、攉煤、移槽、放顶，一班下来累得腰酸腿疼，但他依然坚持了下来。上班第一个月，韩利果的工资一共1500元，相当于他全家2个月的收入。2007年4月份的一个零点班，他当时在280工作面生产，那里顶板破碎、淋水大，韩利果和一个工人在下机头干活，虽然任务只有5棚，但面对如此困难的条件，即便衣服早已被汗水、淋水浸透，他们依然按质保量完成了任务。
>
> 2008年9月份的一个4点班，在3204工作面采煤时，工作面中部冒顶15棚，长度近10米，大槽被牢牢压死，导致生产处于瘫痪状态。面对这种被动局面，韩利果一马当先，带领当班工人运料、运单体柱、尖钎，先维护好顶板，然后再攉煤。本班工人都下班走了，韩利果却依然坚守在工作面，直到与下一班工人共同把冒顶处理好，他才放心地离开工作面。

第三章 传承新时代劳模精神、劳动精神、工匠精神

拓展阅读

韩利果经常告诫自己："我是一块砖，哪里需要哪里搬。我是一名党员，党叫干啥就干啥。"2015年11月份，韩利果从二矿采一队调到三矿采二队当支架工，由于工作踏实，又吃苦耐劳，2个月后他被直接提拔为班长。12月份的一个4点班，当日采煤计划是1200吨，当班完成1800吨，创下小班日产最高纪录。2016年10月份，在2303工作面生产时，当月韩利果班完成采煤3万多吨，创下小班月产最好成绩。2016年和2017年，韩利果班连续两年在三个生产班中成为安全最好、出煤最多、收入最高的班组。在韩利果的带领下，他所在的班组荣获全国"安康杯"竞赛"优胜班组"荣誉称号。

（资料来源：《当代矿工》，2018年第9期）

探讨分享

想一想，如何发挥劳模精神来影响和带动身边的同学？

（二）劳模精神和工匠精神的关系

劳模精神和工匠精神是外力和内力的关系。劳模精神是所有劳动者都应该学习的精神，是影响和引领每一位劳动者从平凡走向不平凡的外力。劳模精神从外部影响每一位劳动者学先进、做先进。工匠精神则是每一位劳动者都应该具有的精神，是激发和激励每一位劳动者不断自我挑战和自我超越的内力。工匠精神从内部唤醒每一位劳动者不断成为最好的自己。劳模精神是超越别人的精神，因为他们就是超越了很多劳动者脱颖而出的。工匠精神是超越自己的精神，世上最大的对手不是别人，而是自己。战胜了自己，就战胜了一切。工匠精神是让劳动者成为自己的"劳模"，劳模精神是让劳动者成为别人的"劳模"。做不成自己的"劳模"，也很难成为别人的"劳模"。工匠精神点亮了自己的生命，劳模精神则照亮了别人的生命。

拓展阅读

练就绝活的"高铁研磨大师"——大国工匠之钳工宁允展

出身工匠家庭的宁允展在父亲的熏陶下，自小就立志学当一名技工。如今他是高铁首席研磨师，国内第一位从事高铁列车转向架"定位臂"研磨的工人，被同行称为"鼻祖"。高铁研磨10年，经他手中的转向架从来没有出过次品，他发明的工装每年可为公司节约创效近300万元。

1991年，19岁的宁允展从铁路技校毕业，进入当时的四方机车车辆厂，从事自己喜爱的车辆钳工工作，一干就是25年。2004年，中车四方股份公司引进时速200公里的高速动车组。产品进入试制阶段，转向架上的"定位臂"成了困扰转向架制造的难题。如果把高铁列车比作一位长跑运动员，转向架就是它的"腿脚"，而"定位臂"作为转向架上构架与车轮之间的接触部位，相当于人的"脚踝"。高速动车组在运行时速达200多公里的情况下，定位臂的接触面要承受相当于二三十吨的冲击力，按照工艺要求，必须确保定位臂和轮对节点有75%以上的接触面间隙小于0.05毫米，否则可能影响行车安全。

"定位臂"的接触面不足10平方厘米，手工研磨是保证接触面间隙精准的唯一可行方法。然而经过机器粗加工后，定位臂上留给人工研磨的空间只有0.05毫米左右，相当于一根细头发丝的直径。但在国内并没有可供借鉴的成熟操作技术经验的情况下，宁允展主动请缨，挑战这项难度极高的研磨技术。扎实的基本功加上夜以继日的潜心琢磨，仅用了一周时间，宁允展便掌握了外方熟练工人需用数月才能掌握的技术，成为中国高铁转向架"定位臂"研磨第一人。

攻克技术难题，证明"中国制造"的能力和实力，宁允展身上所体现出来的刻苦钻研、精益求精、坚忍不拔的品质和敬业奉献、执着追求、实事求是的精神，正是传统工匠精神的现实表达。正是因为有许许多多像宁允展一样的产业工人，才有一大批享誉全球的"中国制造"走出国门，领先世界水平。

（资料来源：《职业》，2018年第24期）

探讨分享

想一想，成为一名优秀的工匠需要具有哪些品质？

（三）劳动精神和工匠精神的关系

劳动精神和工匠精神是共性和个性的关系。劳动精神是所有劳动者的共性，每一位劳动者都应该有劳动精神。工匠精神则揭示了不甘于平庸的劳动者的个性，是成就优秀劳动者的必要条件。个性不仅是产品和企业的核心竞争力，也是劳动者的核心竞争力。这里所说的劳动者的个性主要是指劳动者在自我超越过程中彰显出的个人优势及其精神状态，也就是工匠精神。换句话讲，没有工匠精神的劳动者很难有出色的成就和骄人的业绩。精益求精、追求极致是工匠精神的核心，也是成就杰

第三章 传承新时代劳模精神、劳动精神、工匠精神

出劳动者的根源。当然，如果工匠精神成就的劳动者不仅大大超越了过去的自己，也大大超越了别人，在企业、行业、全国乃至全世界都成为优秀的劳动者。那么，他就会成为别人学习的榜样和楷模，最终就会成为劳模。那么劳模精神也随之产生。这时候三个精神就都出现了。

拓展阅读

习近平总书记的劳动情怀

习近平总书记始终尊重劳动、关心劳动者。党的十八大以来，习近平总书记多次发表有关劳模精神、劳动精神、工匠精神的重要讲话。2013年4月28日，习近平总书记在同全国劳动模范代表座谈时指出："长期以来，广大劳模以平凡的劳动创造了不平凡的业绩，铸就了'爱岗敬业、争创一流，艰苦奋斗、勇于创新，淡泊名利、甘于奉献'的劳模精神"。2014年4月30日，习近平总书记在乌鲁木齐接见劳动模范和先进工作者、先进人物代表座谈时第一次提出劳动精神，即"我们要在全社会大力弘扬劳动光荣、知识崇高、人才宝贵、创造伟大的时代新风，促使全体社会成员弘扬劳动精神"。2015年4月28日，习近平总书记在庆祝"五一"国际劳动节暨表彰全国劳动模范和先进工作者大会上强调："'爱岗敬业、争创一流，艰苦奋斗、勇于创新，淡泊名利、甘于奉献'的劳模精神，生动诠释了社会主义核心价值观，是我们的宝贵精神财富和强大精神力量。"2016年4月26日，习近平在知识分子、劳动模范、青年代表座谈会上继续强调"劳动模范身上体现的'爱岗敬业、争创一流，艰苦奋斗、勇于创新、淡泊名利、甘于奉献'的劳模精神，是伟大时代精神的生动体现"的同时，第一次提出工匠精神，即"在工厂车间，就要弘扬'工匠精神'，精心打磨每一个零部件，生产优质的产品"，并再次提出"我们要在全社会大力弘扬劳动精神"。2017年10月18日，习近平总书记在党的十九大报告中进一步强调："弘扬劳模精神和工匠精神，营造劳动光荣的社会风尚和精益求精的敬业风气。"2018年4月30日，习近平总书记在给中国劳动关系学院劳模本科班学员的回信中特别强调："全社会都应该尊敬劳动模范、弘扬劳模精神，让诚实劳动、勤勉工作蔚然成风。"

（资料来源：根据《人民日报》，2016年06月22日相关资料整理改写）

探讨分享

习近平总书记之所以这么重视劳模精神、劳动精神、工匠精神，你认为有哪些

方面的原因？

（四）劳模精神、劳动精神、工匠精神的关系

按照马克思主义的基本观点，劳动创造了人本身。劳动精神是成为人的精神，工匠精神是成为更加优秀的人的精神，劳模精神则是成为影响别人的人的精神。成为人、成为更加优秀的人、成为影响别人的人，就是一种逐步递进的关系。党和国家现在大力呼吁弘扬劳动精神、工匠精神、劳模精神，目的就在于让每一个人都热爱劳动，成为自食其力的劳动者，更要成为优秀的劳动者，甚至成为广大劳动者群体中的佼佼者和大家学习的榜样。我国要在新时代建设社会主义现代化强国，不仅需要大量的劳动者，更需要大量更加优秀的劳动者乃至楷模式的劳动者。

名人名言

未来将属于两种人：思想的人和劳动的人。实际上这两种人是一种人，因为思想也是劳动。

——雨果

第二节　新时代劳模精神、劳动精神、工匠精神的当代价值

榜样的力量是无穷的，大力弘扬劳模精神、劳动精神、工匠精神，对培养德智体美劳全面发展的社会主义建设者和接班人，对全面建成小康社会、坚持和发展中国特色社会主义具有重要价值。

一、个体价值：实现当代青年自身价值的内在精神力量

（一）学生成长成才和全面发展的内在诉求

习近平总书记说："中华民族伟大复兴，绝不是轻轻松松、敲锣打鼓就能实现的。全党必须准备付出更为艰巨、更为艰苦的努力。""幸福不会从天而降，梦想不会自动成真。""幸福都是奋斗出来的。""世界上没有坐享其成的好事，要幸福就要奋斗。"当代青年作为我国社会主义建设者和接班人，是全面建成小康社会和实现中华民族伟大复兴的中坚力量，必须善于学习、努力钻研、踏实苦干，在参与社会实践中练就真本领，掌握先进劳动技能，在劳动中实现人生价值、展现人生风采、感受幸福快乐。加强劳动意识的养成教育和

第三章　传承新时代劳模精神、劳动精神、工匠精神

劳动精神的培育，弘扬劳模精神、劳动精神、工匠精神，形成尊重劳动、辛勤劳动、热爱劳动的良好习惯，充分认识辛勤劳动、诚实劳动和创造性劳动对社会发展和个体成长的重要意义，通过劳动创造人生辉煌，让自身不断成长成才和实现全面发展。

> **案例阅读**
>
> **幸福都是奋斗出来的**
>
> 史浩飞今年36岁，已经是国内石墨烯研究领域的领军人物之一。在他看来，科学研究的路并不好走，"但通过科研可以不断探索新的领域、突破技术难关，为社会和国家创造价值，这正是科研的乐趣所在。"
>
> "还记得我们把石墨烯作为透明导电膜应用在电子屏幕上的那一刻，那种奋斗带来的快乐，就像一个艰难的游戏终于打通关。"史浩飞幽默地说。如今他正带领着一个由80后、90后年轻人组成的科研团队"一起通关"。"这么多年轻人向着同一个目标一起奋斗，就感觉有无限精力和创造力，奋斗的过程让我们很享受。"史浩飞说。奋斗，不仅让事业勇攀高峰，更带来个人能力的不断提升。胡春霞今年38岁，10多年前，为减轻家中负担，她从农村到西安打工。
>
> "刚到大城市，两眼一抹黑，根本不知道自己该往哪儿走。"胡春霞说，她打工的酒店经常要接待外宾，这让只有技校学习经历的她"压力山大"。为了不被淘汰，胡春霞咬着牙学习，几年时间硬是学会讲一口流利的外语。胡春霞把现在的幸福生活归结于奋斗："青年人不论做什么工作，一定要树立明确目标，踏踏实实干好工作，这样才能稳住根、站住脚，才能在奋斗中成就自我、贡献社会、收获幸福。"
>
> "梦想和奋斗是青春最美的诗篇，青春的奋斗只有在远大的理想指引下才能走得远、走得坚定。"从关注网络游戏账号被盗现象，到思考账号密码的保护方法，再到研发出具有完全自主知识产权的身份认证系统，谈剑峰的创业之路充满了艰辛。"投身信息安全研发，把信息安全的核心技术掌握在中国人自己手中，这将是我终身为之奋斗的理想。"谈剑峰说，"青年创业者身处伟大新时代，身逢历史新机遇，应树立崇高的目标，肩负起国家民族的未来。这样奋斗才能有价值，青年才能无愧于这个新时代。"
>
> （资料来源：根据《人民日报》，2018年03月17日相关资料整理改写）

探讨分享

思考一下,"奋斗"与"梦想"的辩证关系?

(二)实现青年追求更美好生活的广泛需要

中国特色社会主义进入了新时代,当代青年的需求日趋多样、与日俱增。"美好生活需要"是"物质文化需要"的升级版,在内涵丰富与层次提升上都有了更高要求。越来越高、越来越广的期望是对更好地发展权利、发展机会、发展成果的合理需求。当代青年正处在人生最美好的青春时光,怀揣建功立业梦想,渴望成功成才,期待更好的生活。追逐美好生活正是新时代青年身上最大的共同点。长期以来,能有一份收入不错的工作,让家人有比较宽裕的生活,是每一位青年不懈奋斗中最基本的需求。如今,对美好生活的渴望与向往让他们滋生更多新期待。因而,在日益富足的生活条件下和人民需要的内涵与层次有了巨大发展的情况下,劳动已经不仅是谋生手段,俨然变为青年人不可或缺的一种生活方式。同时,当代青年的社会情怀和内在诉求正在被唤起。新时代中国开创未来的成色,要靠不断燃起来的中国青年劳动激情和不断成熟起来的中国青年劳动技能来打磨。美好的未来,寄予青年人新期待。要想实现对青年人的新期待,须先满足青年人精神文化生活的新期待,让青年人在青春"最好"里挥洒青春汗水、奉献新时代建设。新时代青年要在劳动创造中更好地认识生活,更加热爱生活,并不断为美好生活赋予新时代意蕴和气息。

拓展阅读

习近平:青春由磨砺而出彩,人生因奋斗而升华

在五四青年节到来之际,中共中央总书记、国家主席、中央军委主席习近平代表党中央,向全国各族青年致以节日的祝贺和诚挚的问候!

习近平指出,青春由磨砺而出彩,人生因奋斗而升华。面对突如其来的新冠肺炎疫情,全国各族青年积极响应党的号召,踊跃投身疫情防控人民战争、总体战、阻击战,不畏艰险、冲锋在前、真情奉献,展现了当代中国青年的担当精神,赢得了党和人民高度赞誉。我为你们感到骄傲!

习近平强调,今年是决胜全面小康、决战脱贫攻坚的收官之年,也是实现"两个一百年"奋斗目标的历史交汇之年。新时代中国青年要继承和发扬五四精神,坚定理想信念,站稳人民立场,练就过硬本领,投身强国伟业,始终保持艰苦奋斗的前进姿态,同亿万人民一道,在实现中华民族伟大复兴中国梦的新长征路上奋勇搏击。

(资料来源:根据人民网,2020年05月04日相关资料整理改写)

第三章　传承新时代劳模精神、劳动精神、工匠精神

探讨分享

怎样理解"青春由磨砺而出彩，人生因奋斗而升华"？

(三)满足青年向往更丰盈生命的发展要求

马克思指出，"通过劳动而生产自己的生命"，这说明，自由自觉的劳动是人的本质以及生命的展现方式。因而，青年不仅要靠劳动来获得报酬、维持生计，而且必须通过劳动来提高自我、发展自我、实现自我。换言之，劳动既是青年的谋生手段，也是他们生活的第一需要。青年正处于可以试错、崇尚探索与执着奋斗的年纪，也正处于绽放出理想之美、信仰之美和人性之美的人生最靓丽时期，应积极满足新时代青年向往更丰盈生命时不断增长的要求。唯有如此，方可激发青年发自内心的力量，让他们懂得劳动不仅仅是在为个人生存而苦苦奋斗，同时还在更好地实现自我梦想，以便今后能够在任何岗位上、任何组织中，都力争实现自我价值。正所谓，一个人对社会的价值，首先取决于他对增进人类利益有多大作用。故此，唯有致力于实现个体人生价值，才能诠释劳动教育回归人的生命本真这一深远意义和时代际遇。感悟意义的基础是自觉与了解。新时代青年劳动观教育就是要通过更丰富、更深层次的劳动观教育，培养出真正有劳动情怀与劳动创造力的人，让他们将新时代的劳动真正视为一种信仰和变成一种自觉，从而在作为一个劳动者最直接、最鲜活的生命体验中，成就个人充盈而有意义的精彩人生。

> **拓展阅读**
>
> **马克思：青年在选择职业时的思考（节选）**
>
> 每个人眼前都有一个目标，这个目标至少在他本人看来是伟大的，而且如果最深刻的信念，即内心深处的声音，认为这个目标是伟大的，那他实际上也是伟大的，因为神决不会使世人完全没有引导，神总是轻声而坚定地做启示。
>
> 但是，这声音很容易被淹没：我们认为是灵感的东西可能须臾而生，同样可能须臾而逝。
>
> 也许，我们的幻想油然而生，我们的感情激动起来，我们的眼前浮想联翩，我们狂热地追求我们以为是神本身给我们指出的目标；但是，我们梦寐以求的东西很快就使我们厌恶——于是我们的整个存在也就毁灭了。

因此，我们应当认真考虑：所选择的职业是不是真正使我们受到鼓舞？我们的内心是不是同意？我们受到的鼓舞是不是一种迷误？我们认为是神的召唤的东西是不是一种自欺？但是，不找出鼓舞的来源本身，我们怎么能认清这些呢？伟大的东西是光辉的，光辉则引起虚荣心，而虚荣心容易给人鼓舞或者是一种我们觉得是鼓舞的东西；但是，被名利弄得鬼迷心窍的人，理智已无法支配他，于是他一头栽进那不可抗拒的欲念驱使他去的地方；他已经不再自己选择他在社会上的地位，而听任偶然机会和幻想去决定它。

我们的使命绝不是求得一个最足以炫耀的职业，因为它不是那种使我们长期从事而始终不会情绪低落的职业；相反，我们很快就会觉得，我们的愿望没有得到满足，我们理想没有实现，我们就将怨天尤人。

在选择职业时，我们应该遵循的主要指针是人类的幸福和我们自身的完美。不应认为，这两种利益是敌对的，互相冲突的，一种利益必须消灭另一种的；人类的天性本身就是这样的：人们只有为同时代人的完美、为他们的幸福而工作，才能使自己也过得完美。

如果一个人只为自己劳动，他也许能够成为著名的学者、大哲人、卓越诗人，然而他永远不能成为完美无瑕的伟大人物。

历史承认那些为共同目标劳动因而自己变得高尚的人是伟大人物；经常赞美那些为大多数人带来幸福的人是最幸福的人。如果我们选择了最能为人类福利而劳动的职业，那么，重担就不能把我们压倒，因为这是为大家而献身；那时我们所感到的就不是可怜的、有限的、自私的乐趣，我们的幸福将属于千百万人，我们的事业将默默地、但是永恒发挥作用地存在下去。

卡尔·马克思写于1835年8月12日

（资料来源：选自《马克思恩格斯论教育》一书，人民教育出版社，1986年版）

探讨分享

想一想，怎样的职业选择才更有意义？

二、社会价值：契合弘扬尊重劳动的社会价值取向

（一）践行社会主义核心价值观的应有之义

社会主义核心价值观从个体层面提出了爱国、敬业、诚信、友善的要求，这说

第三章　传承新时代劳模精神、劳动精神、工匠精神

明社会主义核心价值观和劳动精神之间存在着内在的必然联系。社会主义核心价值观的践行和内化需要通过劳动实践来实现。敬业是劳动精神的本质特征,丰富了劳动精神的内涵,是对劳动的尊重、崇尚与热爱。敬业体现了劳动者对国家、对社会和对自己职业的高度责任感和使命感,劳动精神是构成社会主义核心价值观的重要元素。培育和践行社会主义核心价值对加强青年学生劳模精神、劳动精神、工匠精神的培育,教育学生树立正确的劳动价值观,正确看待劳动的价值及对实现个人梦想和中国梦的意义,正确看待体力劳动和脑力劳动的关系,自觉矫正鄙视体力劳动、不劳而获、渴望少付出多回报的认识偏差,树立职业平等、劳动无贵贱的职业价值观具有重要现实意义。此外,有助于当代青年学生真正领悟劳动的艰辛和不易,积极参与学校组织的各类活动及各类社会实践,从而更加尊重劳动,珍惜劳动成果。

> **拓展阅读**
>
> ### 劳动价值观与民族精神和时代精神
>
> 社会主义核心价值体系的第三个层次,是以爱国主义为核心的民族精神和以改革创新为核心的时代精神。劳动价值观是民族精神和时代精神的集中体现,是民族精神和时代精神的灵魂。
>
> 作为民族精神的核心,爱国主义不是抽象的,就其根本内容而言,爱祖国就是爱人民,特别是热爱作为社会主义祖国主体的劳动人民。劳动是劳动人民的本质属性,热爱劳动是劳动人民的第一品质。我们继承和发扬中华民族的优良传统,就要着力弘扬劳动人民的优良传统。团结统一、爱好和平、勤劳勇敢、自强不息的民族精神,从根本上来说,就是劳动人民为主体所创造和形成的。离开劳动价值观,就丧失了民族精神的灵魂。
>
> 作为时代精神的核心,改革创新必须尊重实践、尊重群众、尊重规律、尊重劳动者的伟大创造。这是改革创新的不竭源泉。只有这样,才能不断推进解放思想,推进改革开放,推进中国特色社会主义伟大事业。"尊重劳动、尊重创造、尊重知识、尊重人才",是伟大时代的必然要求。劳动为"四个尊重"之首,是第一尊重,是最根本的尊重,是最重要的尊重。离开劳动价值观,就丧失了时代精神的灵魂。确立劳动价值观,就是从根本上弘扬民族精神和时代精神。
>
> （资料来源：《文化学刊》,2010 年 05 期）

探讨分享

怎样看待劳动的价值及对实现个人梦想和中国梦的意义?

(二)契合在社会中尊重劳动的价值取向

《大国工匠》的热播,"工匠"一词走进大众视线,工匠也被人们熟知。节目展现了那些大国工匠在他们自身岗位上做出的努力与贡献。蕴藏在他们背后的工匠精神是他们日常工作的写照,敬业、钻研、精益求精、创新体现在每一次打磨产品中。工匠精神是他们劳动的精神,劳模精神、劳动精神和工匠精神的弘扬与传承益于在全社会促进形成尊重技术、尊重劳动的社会价值取向。创新是工匠精神的内涵之一,和"大众创业,万众创新"的号召是一致的,工匠精神的弘扬也利于营造尊重劳动、尊重创新的社会氛围。现在我国中小企业的寿命相对于日本、德国、法国这些国家较短,这其实也与这些国家尊重劳动、尊重工匠的社会氛围是分不开的。工匠精神本质上不是在讲技术,而是在讲从事这个工作的人,他们如何尊重这项工作。从自身角度上,工匠个人尊重自身的工作,认识工作的价值。现在的工匠主要是指产业工人,工匠精神是工匠自身劳动的体现,是工匠劳动价值的凝结,是工匠自身劳动的体现。工匠精神的弘扬一定程度上纠正了轻视劳动的社会现象。同时工匠精神要求工匠沉下心来,热爱自己的工作,享受工作的乐趣,对改善劳动者浮躁功利心理也大有裨益。

名人名言

劳动是产生一切力量、一切道德和一切幸福的威力无比的源泉。

——马克思

第三章 传承新时代劳模精神、劳动精神、工匠精神

拓展阅读

华为的工匠精神

华为自成立以来，质量文化就是其最基础、最根本、最核心的企业文化。华为的质量文化就是工匠精神的体现。华为创办初期，还没有工匠精神的提法，也没有建立现代质量管理制度，而华为的创始人任正非就将产品的质量视为企业的底线。任正非曾经将不合格的电路板当作"奖品"发给团队成员，目的就是激发员工对没有严把质量关产生强烈的羞耻感。

2016年3月29日，华为荣获第二届"中国质量奖"，这是对华为长期坚持以质量为生命的肯定和褒奖。正因为华为拥有坚持工匠精神的执着，才成就了今天的华为。华为坚持以客户为中心的"华为质量管理模式"，坚决不允许任何有缺陷的产品流向市场。

在研发过程中，华为的某款手机在内部严苛的可靠性测试中，在滚筒中经历200次跌落后听筒出现了杂音，但这只是小概率事件。然而，华为测试部门死活不放行，坚决要求达标。

为了解决这个问题华为花费数百万元和大量的时间，最终找出了故障原因，解决了这一问题。

从这就可以看出华为对质量的重视。华为一直坚持以质量为生命、以品质代言，崇尚工匠精神。任正非就非常推崇工匠精神，他始终认为品质是产品的脸面，只有精工细作的产品才能树立品牌。在2015年12月20日，任正非向华为的高管们推荐了《日本工匠精神一生专注做一事》的文章，并明确表明了他对工匠精神的态度。任正非认为，工匠精神是一种修行，更是一种品质、一种价值坚守；坚持工匠精神可能会很辛苦，依靠的是一种信仰和一种内心的信念，这个过程虽然有痛苦，但也是一种享受。任正非曾感叹说："时代在变，这个时代，企业只有把产品做到极致，才能赢得行业领先和消费者信赖。仅仅是过得去的产品是远远不够的，中国制造要走出去，归根结底还是要靠过硬的品质。"

（资料来源：根据《匠心制造》纪录片栏目相关资料整理改写）

探讨分享

想一想，在学习和工作中如何践行"工匠精神"？

第三节　新时代劳模精神、劳动精神、工匠精神的当代传承

一、价值引领：激发劳动精神的内生动力

（一）用中国梦激发劳动热情

人类生存求知的目标是为了发挥主体的能动性、实现自我价值、推动社会的进步发展。作为青年学生，除了实现自我发展的人生目标、探寻超越自我的价值追求、创造属于个体的幸福美好生活外，我们还应具备参与社会劳动奉献、勇于承担社会责任的精神。

第一，以个人奋斗的幸福梦激发对劳动的热爱。新时代青年学生期盼能够通过知识技能的学习和社会经验的积累来促进自我的发展，使自身获得更好的工作和更美好的生活，这些都是个体美好的生活愿景。但是要想达成理想，没有艰辛的努力付出，终究会变成个人的空想。幸福的生活不是坐享其成、贪图享乐就可以实现的，必须通过个体的诚实守法劳动方可获得。

第二，国家的富强、民族的复兴、伟大中国梦的实现，都需要作为追梦者和圆梦人的每一个青年学生依靠自己的聪明才智和辛勤劳动来实现。新时代为当代青年提供了广阔的发展舞台，青年学生要以国家富强、民族振兴、人民幸福为己任，将自己的个人梦想与国家的前途、民族的命运紧密地结合起来，胸怀理想、志存高远，以勤学苦干、敢于创新的精神激励自己投身于中国特色社会主义伟大实践中去。

拓展阅读

十九大报告谈青年：中国梦是我们这一代的，更是青年一代的

习近平总书记在十九大报告中指出，青年兴则国家兴，青年强则国家强。青年一代有理想、有本领、有担当，国家就有前途，民族就有希望。中国梦是历史的、现实的，也是未来的；是我们这一代的，更是青年一代的。中华民族伟大复兴的中国梦终将在一代代青年的接力奋斗中变为现实。全党要关心和爱护青年，为他们实现人生出彩搭建舞台。广大青年要坚定理想信念，志存高远，脚踏实地，勇做时代的弄潮儿，在实现中国梦的生动实践中放飞青春梦想，在为人民利益的不懈奋斗中书写人生华章！

（资料来源：根据十九大报告中相关资料整理）

探讨分享

想一想，个人梦想与中国梦的关系？

（二）用劳动认知砥砺劳动自觉

劳动精神培育的前提是对劳动的科学认知。认知是个体行动的指南，科学理性的劳动认知是实现劳动自觉的先导。劳动自觉是指个体对劳动的自我发现和觉察，在掌握基本劳动技能的基础上所形成的对于劳动价值和劳动意义的认识，并把这种认识作为一种个体存在和维持历史发展和推动的个人使命的信仰。只有充分认识到劳动的价值和意义，才能为了信仰而劳动，产生劳动自觉，这种劳动信仰就是培养我们自身劳动精神的原动力。其基本要求是要形成崇尚劳动、热爱劳动、尊重劳动者，以辛勤劳动为荣，以不劳而获为耻的科学认知，并将科学认知转化为劳动信仰的劳动实践自觉，体现了人生价值和社会价值的统一，使得个体在追求个人目标实现的同时，能对社会发展和进步起到推动作用，并最终找到人生的价值和意义。

拓展阅读

人生的自我价值与社会价值

人生的自我价值和社会价值，既相互区别，又密切联系、相互依存，共同构成人生价值的矛盾统一体。人总是生活在社会之中的，离开了社会的个体就无法生存和发展；社会是由众多个体构成的有机体，离开了个体的社会是不可思议的。一方面，人生的自我价值是个体生存和发展的必要条件，人生自我价值的实现是个体为社会创造更大价值的前提。个体的人生活动不仅具有满足自我需要的价值属性，还必然地包含着满足社会需要的价值属性。个体通过努力提高自我价值的过程，也是其创造社会价值的过程。另一方面，人生的社会价值是社会存在和发展的必然要求，人生社会价值的实现是个体自我完善、全面发展的保障。没有社会价值，人生的自我价值就无法存在。人是社会的人，这不仅意味着个体物质和精神的需要必须在社会中才能得到满足，还意味着以怎样的方式和在多大程度上得到满足也是由社会决定的。在社会主义社会，一个人的需要能不能从社会中得到满足，在多大程度上得到满足，取决于他的人生活动对社会和他人的贡献，即他的社会价值。

（资料来源：根据《思想道德修养与法律基础》一书，高等教育出版社，2018年版整理）

探讨分享

想一想,如何创造有价值的人生?

(三)用劳动精神引导劳动实践

当前,浮躁功利的心态占据了部分青年群体的内心世界,他们认为急功近利、投机取巧、靠关系、走捷径的方式可以快速获得人生的成功。例如有的学生将自身的懒散、堕落归结于缺乏家庭背景的支持,还有学生为了牟利,不惜触碰道德和法律的底线,走上违法犯罪的道路。这些错误的想法和行径实际上和错误的劳动观念存在密切的联系,不想参与劳动、不愿付出努力、不认识劳动意义、不尊重劳动者的付出、不珍惜劳动成果,成为学生劳动精神缺乏的集中体现。我们要以科学的劳动精神引导参与劳动。首先,充分认识劳动对自身成长的重要意义,勇于参与劳动实践,尊重诚实守法劳动者的一切努力和付出,珍惜自己和他人的劳动成果。其次,要抵制急功近利、梦想暴富的想法,培育常态化的奋斗精神,与自身存在的惰性思想做斗争。坚决摒弃不劳而获的想法,不沉迷于徒有虚名、唯利是图的"伪奋斗",保持求真务实、奋发有为的精神风貌。最后,我们要努力学有所长、学有所专,利用自己学习获得的知识技能来提高劳动的创造性和含金量。

案例阅读

时代楷模黄大发——劳动精神铸就时代英雄

什么是劳动精神?提起劳动精神,你首先会想起谁?黄大发,贵州遵义播州区平正仡佬族乡草坝村原党支部书记,今年82岁。他用了36年的时间只干了一件事:修水渠,最终让全村人喝上了水。

这是一位不折不扣的劳动者。千百年来,这里的人祖祖辈辈喝不上水,全村人喝水只能靠一口枯井。黄大发不信命运的安排,刚一上任村支书,他就立誓修水渠,想把几公里之外野彪村的水引到村里。由于不懂技术,修修补补了十几年,水就是引不进来,草王坝人喝水的梦在这十几年的时间里被反复拉扯,最终还是破灭了。

第三章 传承新时代劳模精神、劳动精神、工匠精神

> 第一次修渠失败后，不甘心的黄大发决定学习水利技术。1989年，枫香区水利站迎来了53岁的黄大发。3年的时间，他从零起步、从头开始，掌握了许多修渠的知识，知晓了什么是分流渠、什么是导洪沟，还学会了开凿技术。1995年端午，草王坝人世世代代的梦想终于实现了。这条主渠长7200米、支渠长2200米，绕三重大山、过三道绝壁、穿三道险崖的水渠终于竣工了。村民们给水渠起了一个亲切的名字"大发渠"。那一天是草王坝人特别高兴的一天，兴奋的黄大发哭得像个孩子。
>
> 黄大发是一名普通劳动者，也是一名农村党员，他用自己的双手带动千百双手，以一颗心换取千百颗心，最终让全村人喝上了水、吃上了白米饭，有了一条光明的路。苦战36年，这是一位"年份英雄"，而"年份精神"恰恰是劳动者应当具备的精神。在当今有些浮躁的社会环境中，有时候连谈论理想都会遭人嘲笑，更别说初心不改地坚持做一件事情。初心不改，简简单单的四个字谈何容易？何况是36年的时间。而正是对这四个字的坚持，才让黄大发战胜了困难。
>
> 黄大发的背后，是全中国数以亿计的劳动者。他们分布在全国的各个岗位，为生活拼搏，为社会建设添砖加瓦。
>
> （资料来源：根据《人民日报》，2017年04月30日相关资料整理改写）

探讨分享

谈一谈，劳动对自身成长的意义。

二、榜样带动：彰显劳模精神的榜样力量

榜样的力量是无穷的，榜样教育具有示范、激励、导向、调整、自律和矫正等多种功能。作为培养新时代劳动者大军的主渠道、主阵地，学校在传播知识和科研创新的同时，必须把劳模精神融入其中，激发学生劳动热情，涵养奉献情怀，增强集体意识。

（一）劳模精神激发劳动意识

在2018年劳动节前夕，习近平总书记在给中国劳动关系学院劳模本科班的回信中谈道："劳动最光荣、劳动最崇高、劳动最伟大、劳动最美丽。"大学教育更应该"尊敬劳动模范、弘扬劳模精神，让诚实劳动、勤勉工作蔚然成风"。新时代的青年

学生处于两个"一百年"的历史交汇期，尤其是新千年出生的00后学生，物质生活得到极大改善，但其中相当一部分学生自立意识不强，抗压能力较弱。高校培育和弘扬劳模精神，就是要借助劳模的光辉事迹，感染、启发和带动更多青年学生热爱劳动，提高劳动能力，养成劳动习惯，形成吃苦耐劳的劳动精神，更好适应以后的工作岗位。

> **案例阅读**
>
> ### 东风精神传承者陈兰颖
>
> 陈兰颖，1995年参加邮政工作，中共党员，现任北京东四邮电局值班局长。从事邮政行业17年来，她一直勤奋钻研邮政业务，担任东四邮电局值班局长后，在自己的工作岗位上不断总结创新服务理念和服务方法，在平凡琐碎的工作中体现了一名劳模的价值。
>
> 陈兰颖同志立足岗位，崇尚学习，不断提高工作技能。她克服孩子小和老人卧病在床需要照顾等诸多家庭困难，自修完成了电子商务大专课程，又攻读艺术和管理两个学科领域的本科课程。不仅力求常规业务技能过硬，而且特别注意带头学习网络、现代通信等高科技知识，及时掌握网汇通、电子商务等层出不穷的新业务，满足用户新需求；为自如地服务外宾用户，她积极参加英语学习，提高英语对话能力；为服务好特殊用户，她专门向聋哑学校的老师学习标准手语，经过勤学苦练，通过了标准手语国家认证，取得了手语从业CAEP证书，成为北京邮政系统获此认证的第一人。
>
> 在工作实践中，注意从一点一滴做起，从每一个细小的环节入手，不断积累、潜心研究，逐渐形成了自己的特色服务方法——"五心"服务法。"五心"即精心研究，细心观察，诚心尊重，耐心倾听，真心帮助。作为东四局的值班局长，不仅自己服务要好，还要带动好、管理好全体员工共同擦亮亲情服务品牌。她根据服务一线的管理经验，借鉴业内外的先进做法，参与制定了《东四邮电局服务礼仪规范》和《东四邮电局服务管理细则》，并以身作则贯彻实施，充分发挥了示范引导作用。
>
> 作为年轻党员，陈兰颖政治觉悟高、理论素质强。在实际工作中，她严格按照党员先进性的具体要求，通过实践途径激励自己。她还积极参与志愿服务工作，2008年陈兰颖被评为北京市奥运会、残奥会优秀志愿者。
>
> （资料来源：根据中国邮政网，2019年06月11日相关资料整理改写）

第三章 传承新时代劳模精神、劳动精神、工匠精神

探讨分享

找一找，身边有哪些劳动模范值得自己去学习？

（二）劳模精神涵养奉献情怀

劳动和奉献是相互连接、不可分割的。劳动是奉献的基础，没有劳动，奉献就无从谈起；奉献是劳动的升华，为劳动增添价值。从人类历史高度来看，我们今天做的每一项工作，都是自觉或者不自觉地为了后人在努力创造着，尽管我们有生之年或许享受不到这些成果，这样看来，人就是为了奉献而存在。劳模精神突破了自给自足的狭隘劳动观念，着重强调奉献社会的人生追求，充分发挥个人智慧与才干，通过劳动创造为人民服务、为民族振兴服务，才能完全体现出一个劳动者的人生价值。立德树人就是要祛除小我的功利劳动观，培育大我的奉献精神，把奉献祖国和人民作为毕生的人生追求，补齐个人性情成长的短板，塑造健康人格。

案例阅读

心怀大爱的基层奋进者何健忠

他是一名基层邮政网点的支队长，30多年来他坚守岗位学雷锋，义务帮助群众超过5万人次，是当地家喻户晓的"活雷锋"和"服务明星"。当选全国人大代表后，他这股子无私、聪慧、坚韧、执着的劲头又充分展现在代表履职中。他就是来自革命老区江苏省泰兴市的全国人大代表何健忠。

作为一名来自邮政系统的全国人大代表，何健忠一边尽心在本职岗位发挥模范带头作用，一边思考提出更好发挥邮政公共服务平台作用的相关建议。在何健忠的积极建议下，"检察蓝"与"邮政绿"成功实现深度融合，建立了"反腐廉盟"。据介绍，2013年12月，泰兴市检察院联合当地邮政局成立全国首个"预防职务犯罪志愿者邮路宣讲队"，"预防邮路"也应运而生。宣讲队将预防职务犯罪工作与邮政服务有机融合，借助覆盖城乡的邮政网络，开展形式多样的预防职务犯罪宣传。之后，"预防邮路"从泰兴走向全省、全国。"预防邮路"三次被写入最高检工作报告。

> 在就任支局长前,何健忠曾做了14年的投递员,他对邮政的爱早已融入血液,成为生命的一部分。何健忠到江平路支局上任不久,就在自己的名片上印了这样一句话:只要您呼"6838",剩下的事由我来办。从此,何健忠帮老百姓做过各种各样的事:交电话费、灌煤气、送临产孕妇、调解邻里纠纷等。之后,虽然名片上的寻呼机号码"6838"更新成了何健忠的手机号码,但何健忠对老百姓有求必应的服务却延续下来。30多年来,他为群众义务服务超过5万人次以上,其中为孤寡老人送终,仅殡仪馆就跑了300多趟。以至于在今天,泰兴人总把何健忠的手机号码和"110""120"等同起来。"有困难找何健忠"已成为泰兴很多干部群众的口头禅。
>
> 今年已60岁的何健忠仍坚守在支局一线。他不仅发挥先锋模范作用、积极传帮带,还接待来访群众,进行走访调研、义务宣讲、为民建言。何健忠在全国人大代表履职平台上发出来自基层的"最美好声音",尽代表之力护佑百姓幸福生活。
>
> (资料来源:根据中国人大网,2019年11月03日相关资料整理改写)

探讨分享

议一议,"小我的功利劳动观"与"大我的奉献精神"。

(三)劳模精神增强集体意识

马克思指出,教育与生产劳动相结合"不仅是提高社会生产的一种方法,而且是造就人全面发展的唯一方法"。现代社会分工细化,人的相互联系日趋紧密,依赖程度逐步加深,社会发展呼唤集体意识。但在理论学习和实践之中,怎样将集体意识落实为个体的实践行为,把集体潜意识自发提升为团队协作的正能量,凝聚成长发展合力,是立德树人面临的一项重要问题。劳模精神在任何时期都表现出了鲜明的集体主义倾向,在具体的劳动实践过程中推动集体和个人共同发展,将指引青年学生将个人的价值追求自觉融入民族复兴的"中国梦"中。

第三章 传承新时代劳模精神、劳动精神、工匠精神

> **案例阅读**
>
> 郭锐：心怀"工匠精神"做好"带徒传技"
>
> 郭锐从事动车组转向架装配15年，他常常感到越熟识越敬畏。动车组齿轮箱小轴的轴向游隙测量，一直是生产线上的难题，按工艺标准，游隙调整空间只有0.02毫米。之前他发明了一种游隙测量工装，现在他想再精进一步，从"器"到"法"，研究一套更先进的操作方法。通过前期优化省力和定位装置、升级操作工艺、试验验证，这项攻关目前已进入正式论证阶段，推广以后，希望能帮助"复兴号"转向架的装配品质更上层楼。让更多中国品牌成为世界品牌，一支心怀"工匠精神"的高技能人才队伍必不可少。因此，除了技能攻关，他还积极进行"带徒传技"工作。
>
> 2019年年底，以其名字命名的"郭锐技能大师工作室"，正式成为国家级技能大师工作室。在这里，他和企业技能人才努力推进技能攻关、制造难题攻关、专利发明等工作。现在，工作室已汇集转向架制造领域347名高技能人才，至今已有28人成长为技师、高级技师。复工以来，他和团队骨干开设了"工匠云课堂"，线上讲授专业技能课程。现在，我所在的中车青岛四方机车车辆股份有限公司已经实现100%达产，"复兴号"动车组也陆续正常交付。他相信，这支敢打善拼的高铁队伍，一定能让更多"复兴号"奔驰在更广袤的大地上。
>
> （资料来源：根据《光明日报》，2020年05月21日相关资料整理改写）

探讨分享

想一想，怎样将集体意识落实为个体的实践行为？

三、实践养成：磨砺工匠精神的必备素质

新时代青年要想成为现代工匠，首先要具备工匠精神，并以工匠精神为驱动，去改善日常的行为。日积月累，才能实现成长和蜕变。工匠精神主要包括以下六大要素。

（一）热爱

有学者这样描述工匠的最高境界："工匠的最高境界是游戏，用一种喜悦的方式来欣赏自己的努力。工匠精神不要内含牺牲和痛苦，而是满含快乐。"对某项事物或

工作的热爱，有的是天然的，有的是后天培养的。干一行、爱一行、钻一行、精一行，认真负责地做好每项工作，是优秀工匠的共同品质。

> **案例阅读**
>
> 津门工匠李家琦对"海鸥痴狂"
>
> 中国钟表大师、全国劳动模范、高级技师李家琦是天津海鸥表业集团国家级技术中心机芯艺术创作室主任，负责手表机芯的精饰设计及样机制造工作。从1981年进入天津手表厂以来，他制作完成了国内首款陀飞轮雕花镂空腕表和国内首款双陀飞轮雕花镂空腕表，并获得国际认可。他拥有国家授权的专利108项；他设计制造的很多款带有浓厚中国风的原创手表被消费者追捧，有些型号甚至供不应求；他设计制作的有些表甚至卖到22万元的高价。
>
> 用李家琦徒弟的话来说，这些成绩的取得源自他对自己从事的机芯设计工作的极度热爱，甚至是对其到了痴狂的程度。他对任何一个技术难点的攻破和新型设计的实施，都是全神贯注、精益求精，甚至在休息时也不放下工作。他的生活与工作从来都是形影相随，很多生活中的瞬间都成为他创作的源泉。一旦捕捉到灵感，他就会立即全身心投入工作中。他已然将自己的工作融入生活，无时无刻不记挂着他的表，坚持不懈地追求方寸之间的匠心艺术。
>
> 李家琦对事业的这份痴迷，源自他心中的梦想，那就是要在"世界名品"的手表中打上"中国制造"的标签，让海鸥手表在世界名表舞台上有一席之地！
>
> （资料来源：根据天津北方网，2017年03月27日相关资料整理改写）

（二）专注

专注就是精力和注意力集中在特定的领域，它的对立面是精力和注意力的分散。只有专注和持久地耕作于某一领域，才能有常人不及的成就。但专注不是盯住一处不放、死钻牛角尖的呆板，也不是驻足不前的保守。它强调的是一种集中的状态，并且长时间地关注。它并不否定适应性的变化与调整。事实上，一个优秀的工匠一定是与时俱进的，甚至是引领潮流的。

（三）创新

创新抑或创造是优秀工匠的特质。唯有创造性的劳动才能突破现有的难题，创造出新的效率和新的品质。作为现代工匠，在日新月异的环境中，创新的精神必不可少。在传承的基础上突破既往，在新环境、新条件下开创新的成就。

(四)卓越

卓越的本意是超出一般的、杰出的、非凡的。与追求卓越对立的是"差不多""凑合"的态度。优秀工匠都会竭尽全力追求卓越、创造不凡。匠人会以追求卓越为目标,无论是在技艺上、产品上或是服务上,都要独树一帜,艺压群芳。卓越是匠人们的追求,也是匠人们的品位。

> **案例阅读**
>
> ### 徐立平:给火药进行微整形
>
> 大国工匠徐立平是中国航天科技集团公司的一名高级技师,自1987年入厂以来,一直为导弹固体燃料发动机的火药进行微整形。火药整形在全世界都是一个难题,目前依然无法完全用机器代替。而手工作业面临的危险和作业难度可想而知,稍有不慎蹭出火花就会引起燃烧爆炸。下刀的力道,要靠工人自己判断,而药面精度直接决定导弹的精准射程。0.5毫米是固体发动机药面精度允许的最大误差。徐立平则将这个数字缩小到不超过0.2毫米。
>
> 为了杜绝安全隐患,徐立平自己设计发明了20多种药面整形刀具,其中一种刀具被单位命名为"立平刀",两种刀具获得国家专利。由于长年保持一个姿势雕刻火药,徐立平的身体变得向一边倾斜,火药中毒也令他的头发掉了大半。28年来,同时进厂的工友们都已离开这个危险岗位,只有他一直坚守,并且一丝不苟对待每一项任务。有人问他为什么,他说:"危险的岗位总得有人去干!"
>
> (资料来源:根据《焦点访谈》,2017年03月27日相关资料整理改写)

(五)极致

极致是一种状态,更是一种追求。追求极致,就是追求永无止境的提升。精益求精,好上加好,在细节上下功夫,是对"极致"的另一种通俗解释,这是工匠精神的基本精髓所在。为了达到极致,就不能给自己留一丝借口、一点余力,完全倾情投入,直到无可挑剔。追求极致是杰出工匠的与众不同之处。极致的精神成就优秀的匠人,极致的精神也成就卓越的企业。

(六)担当

担当就是勇于承担责任,这里有对企业的责任,对公众的责任,也有对社会的

责任，简而言之就是有"职业操守"。工匠从来都是社会的工匠，只有得到组织和社会的认可，服务于组织和社会发展的需要，他的技艺才华才有真正的价值。

> **案例阅读**
>
> "大国工匠"胡双钱的担当
>
> 胡双钱，上海飞机制造有限公司高级技师，数控机床加工车间钳工组组长，也被人尊称为"航空手艺人"。在35年的从业生涯中，他加工的数十万个零部件没有一个次品。55岁的他依然沉静："学技术是其次，学做人是首位，干活要凭良心。"
>
> 核准、画线，锯掉多余的部分，拿起气动钻头依线点导孔，握着锉刀将零件的锐边倒圆、去毛刺、打光……胡双钱每天都在做同样的动作，枯燥却十分重要。"我们的工作事关别人的生命，精益求精是必须的。"强烈的责任意识让胡双钱形成了严谨的工作作风：工作前，先看懂图纸，了解工艺规范；接受零件时，先检查上道工序是否有不当之处，确定以后再加工。他在工作中严守"慢一点、稳一点、精一点、准一点"，始终带着感恩、责任和思考做工作，最大限度避免了质量偏差。
>
> 退休的日子越来越近，胡双钱正不遗余力地将成熟经验和精湛技艺传授给青年工人，"耐心、细心、用心"地培养着年轻的接班人。
>
> （资料来源：根据中国文明网，2015年07月17日相关资料整理改写）

实践活动

"劳动拥抱新时代"劳动教育周

一、活动主题

劳动拥抱新时代。

二、活动宗旨

通过劳动实践活动，让同学们感悟自己心中的新时代劳动精神，弘扬劳动最光荣、劳动最崇高、劳动最伟大、劳动最美丽的主旋律，培养同学们树立正确的劳动价值观和良好劳动品质。

三、活动时间

每年五月。

四、活动主体

在校学生。

五、活动实施

1. "劳动知识"快乐谈

活动要求：围绕"劳动知识"主题，普及学生劳动科学相关基础知识，比如劳动法律、劳动关系、劳动经济、劳动与社会发展、劳动与就业创业等，可通过讲述、讨论、播放视频等师生互动开展讨论，使同学们明白"实干兴邦、空谈误国"的道理，并撰写心得体会。

2. "课外劳动"大比拼

活动要求：倡议每名同学在活动周内完成不少于5小时的课外劳动，包括宿舍整理劳动、宿舍环境改造劳动、教室卫生清洁劳动、餐厅卫生清洁活动、校园绿化养护劳动、手工制作劳动等等，通过征集有代表性的典型劳动事迹进行评比，展示同学们的劳动风采，使同学们懂得尊重劳动、珍惜劳动成果。

3. "创新劳动"练本领

活动要求：让同学们充分认识到新时代劳动技能是人机协同、智慧劳动、创造性劳动的重要基础，结合"大智移云"的时代背景和学科专业，引导学生注重应用新知识、新技术、新工艺、新方法，积极开展实习实训、专业服务、社会实践等，创造性地解决实际问题，使同学们强化劳模精神、工匠精神，积累职业经验，提升就业创业能力，树立正确的就业择业观。

4. "公益劳动"在路上

活动要求：各班级结合自身实际情况及专业特色，制定公益性劳动实施方案，开展丰富多彩的劳动主题教育活动，引导同学们在公益劳动中"强责任""长才干""做贡献"，选树公益性劳动优秀学生典型，展现当代青年学子风貌。

思考与练习

1. 如何理解劳动精神？
2. 如何理解劳模精神？
3. 如何理解工匠精神？
4. 工匠要打造一流的产品就要对自己的工作有高度的（　　）。

A. 热心　　　　B. 认识　　　　C. 重视　　　　D. 责任心

5. 分析题。

2015年五一劳动节前夕，央视新闻频道播出了《大国工匠》系列节目，讲述了八

个工匠"八双劳动的手"所缔造的"神话"。节目播出之后，工匠的故事很快引起社会热议，在不到十天的时间里，相关话题的微博阅读量就超过了3560万次。人们发现，走入镜头的工匠们，他们文化不同，年龄有别，但拥有一个共同的闪光点——立足于本职工作，敬业奉献，数十年如一日地追求着职业技能的极致化，靠着传承和钻研，凭着专注和坚守，创造了一个又一个"中国制造"的奇迹。在2016年"两会"上，国务院总理李克强在《政府工作报告》中提出要积极培育"工匠精神"，"工匠精神"第一次写入政府工作报告。

"工匠精神"是一种职业精神，工匠们对所从事的事业的爱心和忠心，令人高山仰止。中国航天科技集团一院火箭总装厂高级技师高凤林，36年一直从事火箭的"心脏"——发动机焊接工作，以国为重，扎根一线。他是发动机焊接第一人，面对很多企业试图高薪聘请，不为所动，他说："每每看到自己生产的发动机把卫星送到太空，就有一种成功后的自豪感，这种自豪感用金钱买不到。"这也代表了大国工匠们的心声。

"工匠精神"是一种工作态度，在工匠们的心目中，制作出来的产品没有最好，只有更好。高凤林在36年的工作中，攻克了200多项技术难关，他的手焊接了140多火箭的发动机，焊接的焊缝总长度达到12万多米，没有出现过一次质量问题。他先后获得过部院科技进步一等奖、国家科技进步二等奖、2014年伦敦国际发明展三项创新发明项目金奖等30多种奖励，而这没有一丝不苟的工作态度显然是无法做到的。

随着时代的发展，工匠的工作或许会逐渐被机器取代，但是"工匠精神"却不可能被代替。我国作为一个拥有"四大发明"的文明古国，具有历史悠久而技艺高超的手工业，薪火相传的能工匠们留下了数不胜数的传世佳作，我们今天弘扬"工匠精神"不仅是对传统工匠技艺的留念，而且是对一切职业的道德呼唤。"工匠精神"，不仅仅是制造业的需要，也不仅仅是企业家的需要，它代表一个时代的气质，是我们每一个人的事业追求与人生态度。

(摘自《中国青年报》，2016年04月22日)

(1)"工匠精神"的实质是什么？

(2)为什么说弘扬"工匠精神"是"对一切职业的道德呼唤"？

第四章

劳动安全与劳动保障

> **学习导读**
>
> 安全是人类生存与发展的最基本要求,是生命与健康的基本保障。安全生产是保护劳动者安全健康、保证国民经济持续发展的基本条件。伴随着经济发展而频繁发生的安全生产事故,不仅造成了国家财产和公民生命的巨大损失,严重制约了我国经济的平稳发展,而且还与我国当前构建和谐社会的目标相悖。

安全是指不使人体受到伤害，物体受到损伤或破坏。或者说不必为可能受到这种伤害或破坏而担心。劳动安全是以防止职工在职业活动过程中发生各种伤亡事故为目的的工作领域及法律、技术、设备、组织制度和教育等方面所采取的相应措施。

第一节　劳 动 安 全

一、劳动场所安全

不同的劳动场所有不同的安全事项，具体如下。

（1）劳动场所应当保持整洁，原材料、半成品、成品必须码放稳固，废料、废物应当及时清除，工具应当在固定位置存放。

（2）厂（场）区道路应当平坦、畅通；拐弯、交叉口和作业地段必须设置明显的交通标志和警告牌示。在通道上空架设管、线、栈桥，应当符合国家标准。搭设的便桥应当牢固，并设有扶手和防滑设施。固定式的钢直梯、斜梯和固定式工业平台应当符合国家标准。厂（场）区内绿化应当符合安全生产的有关规定。

（3）生产需要的坑、口、壕、池必须加盖或者设置围栏。施工挖掘的坑、沟应当设置护栏，在夜间和能见度差的天气应当设置警示灯。

（4）建筑物必须坚固，结构应当符合安全规定。堆放物品的荷重不得超过建筑物设计负荷。禁止利用设计上不允许的屋架或者屋面梁作为起重梁架。生产用房应当符合国家有关设计规范，禁止生产、仓储用房与居住用房合用或者连接。

（5）经常有水、油脂或者其他液体的劳动场所，应当设有排水、防滑、防腐蚀、防渗透的设施。

（6）机器和工作台等设备、设施的布置，应当便于劳动者操作。通道宽度不得小于1米。起台应当设置围栏，围栏高度不得低于1.05米。机械设备或者流水作业线的危险空挡，应当用栅栏封闭；因工作需要穿越时，应当搭设安全过桥。

（7）劳动场所的光线和工作地点局部照明，应当符合采光、照明的设计标准。

（8）室内劳动场所通风换气条件必须良好。室内工作温度达到国家规定的高温或者低温作业标准时，应当采取降温或者取暖措施。

（9）露天作业场所应当采取防晒、防寒、防雨、防风、防雷击等防护措施，并为长期从事露天作业的劳动者提供休息场所。

（10）在架空输电线路下，禁止起重机械作业；在一侧起重吊装，必须保持规定的安全距离；从事其他作业，应当采取预防触电的措施。

（11）阵风风力6级以上，不得在露天高处作业或者起重作业。因故障、灾害急

需抢修或者有特殊生产作业需要的必须采取相应的安全措施。

(12)爆破作业场所必须划定安全距离,设置警戒标志,并指定专人警戒。

(13)进入洞室、井坑、管道、容器和船舱等空气不畅通的场所作业,应当采取通风、排气、检测、专人监护等防护措施。

探讨分享

如果不注重劳动场所安全,会给我们带来哪些意想不到的后果呢?

二、劳动安全卫生保护

1. 劳动安全保护

为了保护劳动者的劳动安全,防止和消除劳动者在劳动和生产过程中的伤亡事故,以及防止生产设备遭到破坏,我国《劳动法》和其他相关法律、法规制定了劳动安全技术规程。安全技术规程包括:

(1)机器设备的安全;

(2)电气设备的安全;

(3)锅炉、压力的容器的安全;

(4)建筑工程的安全;

(5)交通道路的安全。

企业必须按照这些安全技术规程使各种生产设备达到安全标准,切实保护劳动者的劳动安全。

2. 劳动卫生保护

为了保护劳动者在劳动生产过程中的身体健康,避免有毒、有害物质的危害,防止、消除职业中毒和职业病,我国制定的有关劳动卫生方面的法律、法规有《劳动法》《环境保护法》《工厂安全卫生规程》《国务院关于加强防尘防毒工作的规定》《关于防止厂矿企业中粉尘危害的决定》《工业企业设计卫生标准》《工业企业噪声卫生标准》《防暑降温暂行办法》《中华人民共和国关于防治尘肺病条例》等。这些法律、法规都制定了相应的劳动卫生规程,主要包括以下内容:

(1)防止粉尘危害;

(2)防止有毒、有害物质的危害;

(3)防止噪声和强光的刺激;

(4)防暑降温和防冻取暖;

(5)通风和照明;

(6) 个人保护用品的供给。

企业必须按照这些劳动卫生规程达到劳动卫生标准，才能切实保护劳动者的身体健康。

探讨分享

和同学交流分享你曾经去兼职过的公司，其劳动安全卫生执行到位吗？有哪些不足的地方呢？

三、劳动灾害与紧急救治

劳动灾害时有发生，尽管人们已经万分小心，但仍不可避免。劳动灾害一旦发生，造成的伤害将是不可逆转的，甚至会影响劳动者的生命安全。所以，在劳动灾害发生后，进行有效紧急救治，将会大大降低因劳动灾害带来的影响。

（一）劳动灾害

1. 劳动灾害的分类

劳动灾害根据受灾对象划分，可分为人身灾害、设备灾害、产品灾害和环境灾害；根据是否造成失能划分，又可分为失能灾害和非失能灾害。其中，失能灾害分为四大类，非失能灾害分为三大类（见表4-1）。

表4-1 失能伤害和非失能伤害

类别	具体事项
失能灾害	死亡：丧失生命。永久性全失能伤害：身体永久性的伤残，如断肢、眼、手或脚残疾等。永久性部分失能伤害：肢体或某些器官部分功能不可逆地丧失。暂时全失能伤害：受伤未残，但不能继续从事其正常工作达一日以上
非失能灾害	轻伤害：损失工作时间不足一天。无伤害事故：设备人员等均未造成伤害，仅造成时间延误。财产损失事故：无人员伤亡，但因设备、材料等的损坏而造成财产上的损失

2. 劳动灾害产生的原因

美国工业安全理论先驱韩瑞奇就劳动灾害产生的原因，提出了著名的"骨牌理论"。骨牌理论认为劳动灾害一定是由一连串的事件、在一定逻辑中发生、未经计划、不期待发生而导致的结果。它包括五大因素，即社会的环境或习惯，个人的疏

忽或过失，不安全的行为和不安全的环境或情景，意外事故，伤害。这五大因素如同一块块骨牌，前三项任一块倒都会形成灾害。

探讨分享

在韩瑞奇的"骨牌理论"中，将第三因素，即不安全的行为和不安全的环境或情景抽去，将会发生什么情况？若再抽去第二因素呢？

除了骨牌理论，较出名的还有包尔得理论。包尔得理论认为，劳动灾害产生的原因可分为以下三项。

(1)管理上的不当控制。管理者对工作不了解，或本身无组织、规划及领导能力，或虽有控制计划，但由于不适当的规划与执行，从而导致伤害的发生。

(2)基本原因。人为因素(知识、技能、态度、动作、精神、生理)、工作因素(设计、结构、工作标准)。

(3)直接原因。不安全动作和不安全环境。

3. 劳动安全诊断

劳动安全诊断包括以下几种。

(1)检查安全管理体制是否确立和完善：包括安全管理者、安全医生、主要作业者、安全管理规程、安全管理活动计划。

(2)检查设备是否安全化：机械、电气是否安全，搬运、照明装备是否合理，设备配置、设备自动是否合理。

(3)作业顺序、方法是否正确：作业顺序的解释、推行是否合理，作业顺序的教育训练是否开展，作业方法是否改善。

(4)安全点检是否确立：点检制度、标准、周期、实施者、计划等是否确立。

(5)安全教育是否实施：教育计划是否实施。

(6)工作现场是否设置合理：消除疲劳的设施、休息间是否设置合理。

(7)其他：灾害是否记录、整理，小集团活动是否开展，安全提案、奖惩制度、灾害防止对策是否建立。

(8)作业环境是否检测：环境的测定是否实施到位。

4. 劳动灾害的防止对策

防止劳动灾害时，应注重劳动"3E"工程的结合运用，"3E"是指工程(engineering)、教育(education)、执行(enforcement)。其中，工程是指结合安全与工程(作业)的知识背景，再应用安全工程(作业)与技术，以消除不安全的环境；教育是指通过教导训练，让员工了解自身所处的状况、自己的不安全行为和动作、设法消除改善并防止意外事故的发生；执行是指既定的安全政策与计划。具体可表现为以下几点。

(1)建立安全守则(安全操作规程)；

(2)进行安全训练；

(3)建立安全环境；

(4)进行安全检查；

(5)进行事故调查分析；

(6)进行工作安全分析；

(7)进行安全观察。

> **知识链接**
>
> **颜色标识在车间中的应用**
>
> 1. 红色
>
> 不良品、废品、闲置设备；
>
> 消防器材、紧急掣、配电箱、化学危险品；限高线(需加限高说明)；
>
> 不可回收物品。
>
> 2. 黄色
>
> 行车道、人行道、物流运输过道；
>
> 工作台、车辆停放位、设备定位；
>
> 门开闭线；
>
> 工作区域、检验区域。
>
> 3. 蓝色
>
> 原材料/生产物料放置区域；
>
> 工作台面物品定位(不良品、废品除外)；
>
> 半成品放置区域；
>
> 物品暂存区。
>
> 4. 绿色
>
> 急救用品、医药箱；
>
> 可回收物品；
>
> 合格品/成品放置区。
>
> 5. 黄黑相间
>
> 危险区域(也可单用黄色)；
>
> EPA 保护区、ESD 敏感区；
>
> 危险操作提示。

探讨分享

尽管我们在日常生产中十分注意安全,但有时劳动灾害的发生并不能完全避免,那你知道常用的紧急救治知识吗?

(二)紧急救治

当意外发生时,生命千钧一发。此时,赢得时间就意味着留住生命。所以,掌握一定的急救知识,能够在紧急情况下及时自救、防止二次损伤就尤为重要。这也将为随后的专业医务人员争取宝贵时间。

1. 触电的急救

当发现有人触电时,应及时正确地切断电源或用有绝缘性能的木棍或橡胶制品挑开隔绝电流。然后查看触电者的具体情况,迅速对症救护。一般人触电后,会出现神经麻痹、呼吸中断、心跳停止等症状,看上去是昏迷不醒的状态,但其实未死亡,如果不实施现场人工呼吸及胸外按压,将很快死亡。因此必须实施现场急救。

2. 一氧化碳中毒的急救

当发现有人一氧化碳中毒后,应立即打开门窗通风,并迅速将患者转移至空气新鲜流通处,并确保其呼吸道通畅。对神志不清者应将头部偏向一侧,以防呕吐物吸入呼吸道引起窒息。因一氧化碳的比重比空气略轻,故浮于上层,救助者进入和撤离现场时,如能匍匐行动会更安全。进入室内时严禁携带明火,尤其是开放煤气的情况,室内煤气浓度过高,按响门铃、打开室内电灯产生的电火花均可引起爆炸。

3. 硫化氢中毒的急救

硫化氢是一种急性剧毒物质,吸入少量高浓度硫化氢可于短时间内丧命。低浓度硫化氢对眼、呼吸系统及中枢神经都有影响。当发现有人硫化氢中毒后,应立即将患者抬离现场,移至通风良好的上风处,解其衣扣,但同时也要注意保暖,并保持其呼吸道通畅,尽早使用高压氧,积极预防脑水肿和肺水肿。对于呼吸停止者,应立即进行人工心肺复苏,建立有效的血液循环,恢复其全身血氧供应;对于休克者,应将其平卧于平整的地面或硬板上,头略低侧向一边,并及时清除口腔内分泌物或异物,保持其呼吸道通畅。

4. 机械伤害的急救

机械伤害造成的受伤部位可以遍及全身各个部位,如头部、眼部、颈部、胸部、腰部、脊柱、四肢等,有些机械伤害会造成人体多处受伤,后果非常严重。

当发现有人受到机械伤害时，首先要使患者取中凹位（抬高头部和躯干20°～30°，抬高下肢15°～20°），并注意其保暖，尽量不要搬动患者。有条件时应给予吸氧，保持呼吸道通畅，并联系医生治疗。

(1)骨折。当发生患者骨折时，除了应注意骨渣不能回纳还应及时固定伤处。一定要采取正确的固定方法，临时可用木棍、硬纸板等硬物绑在伤处当固定器材，如果伤在四肢，木棍长度要超过伤处上下的两个关节。如果手头没有木棍，可以用报纸、杂志等卷实代替。材料长短要以能固定骨折上下两个关节或不使断骨错位为好。如果实在找不到合适的物品，也可将受伤肢体绑在健侧肢体或胸部，总之起到固定作用，以防神经、血管受到二次损伤。对于有脊柱或颈部骨折的，不能随意搬动患者，应尽快联系医生，等待携带医疗器材的医护人员搬动。

(2)止血。人体血量占体重的8%，创伤后失血量达到1/4患者就会出现休克。止血方法有四种（见表14-2），分别是指压止血、加压包扎止血、填塞止血、止血带止血。其中，填塞止血只有在四肢使用，严禁填塞腹腔、胸腔；止血带止血在万不得已的情况下才使用。

止血带的使用注意事项：止血带标识开始使用时间；使用止血带部位必须漏出；不可贸然解开止血带，否则会使血液冲向伤口，造成内脏迅速失血而休克；使用时间不宜过久，一般应于2小时内尽快送医。

表 4-2　止血的具体方法

止血方法	受伤地方	具体用法
指压止血	头顶部出血	一侧头顶部出血，用食指或拇指压迫同侧耳前方颞浅动脉搏动点，如压迫一侧不行就同时压迫另一侧
加压包扎止血	颜面部出血	一侧颜面部出血，用食指或拇指压迫同侧动脉搏动处（面动脉在下颌骨下缘下颌角前方约3厘米处）
	头面部出血	一侧头面部出血，可用拇指或其他四指在颈总动脉搏动处，压向颈椎方向（颈部动脉在气管与胸锁乳突肌之间）
	肩颈部出血	用食指压迫同侧锁骨窝中部的锁骨下动脉搏动处，将其压向深处的第一肋骨

续表

止血方法	受伤地方	具体用法
加压包扎止血	前臂出血	用拇指或其余食指压迫上臂内侧肱二头肌内侧沟处的搏动点
	手部出血	两手分别压迫内外侧（尺动脉、桡动脉）的搏动点
	大腿以下出血	用双拇指重叠用力压迫大腿上端腹股沟中点稍下方股动脉搏动处
	伤口无异物、骨碎片时的出血	先将干净敷料放在伤口上，再用绷带卷、三角巾或髋部做加压包扎至伤口不再出血为止
填塞止血	膝或肘关节以下部位出血，无骨、关节损伤时	先用厚棉垫或纱布卷塞在肘窝或腘窝处，屈膝或肘，再用三角巾、绷带或宽皮带进行屈肢加压包扎
止血带止血	头颈、四肢动脉大出血	首先用布带或绷带在肢体上绕两圈，打一个结，然后在上面放一个止血棒，打一个方形结固定，将止血棒转紧，使流血停止，最后固定止血棒，并注明详细的使用时间

(3)断肢、断指的急救。发生断肢、断指时，急救的同时，要保存好断肢(指)。具体方法是将断肢(指)用清洁纱布包好，不要用水冲洗，也不要用其他溶液浸泡，若有条件，可将包好的断肢(指)置于冰块中，冰块不能直接接触断肢(指)。之后将断肢(指)随同伤者一同送往医院进行修复。

(4)热烧伤的救护。患者热烧伤后，救治的原则是：去除伤因，保护创面，防止感染，及时送医。对于轻度热烧伤患者，处理伤口的程序为冲、脱、泡、盖、送。

冲：将伤处冲水或浸于水中，如无法浸水，可用冰的布敷于伤处，直到不痛为止(10～15分钟)。

脱：除去伤处的衣物或饰品，若被黏住了，不可硬脱，可用剪刀小心剪开。

泡：将伤处浸泡在水中(若发生颤抖现象，应立即停止)。

盖：用干净纱布轻轻盖住烫伤部位，如果皮肤起水泡，不要任意刺破。

送：送医院。避免用有色药物，如碘酊、甲紫涂抹创面，也避免用酱油、牙膏、蜜糖涂抹伤口等土方法，以免增加伤口处理难度。

5. 搬运

伤员经过现场急救和处理，必须尽快送往医院进行下一步的救治。使用正确的搬运方法和运输工具，可以减轻伤员的痛苦，挽救伤员的生命，为医院的治疗赢得时间。搬运方法分单人徒手搬运法和多人徒手搬运法，两种方法又有多种手法，具体见表4-3。其中，3～4人平台法适用于重伤员和脊椎伤员。

表 4-3　搬运伤员方法

单人徒手搬运法	扶持法
	抱持法
	背负法
	拖行法
	爬行法
多人徒手搬运法	四人椅托式
3~4 人平台法	
双人搬运法	双人椅托式
	双人桥扛式
	双人拉车式
	平卧托运法
	椅式搬运
	双人扶持式

6. 心肺复苏

心搏骤停一旦发生，如得不到即刻及时的抢救复苏，4~6 分钟后，便会造成患者脑和其他人体重要器官组织的不可逆的损害。当发现患者出现意识丧失，且无呼吸无脉搏，便应立即拨打急救电话 120，同时实施心肺复苏术。

心肺复苏可分为四个步骤，即胸外按压、开放气道、人工呼吸和 AED 使用。

（1）胸外按压

①将患者放置于平整硬地面上，呈仰卧位，其目的是为了保证进行胸外按压时，有足够按压深度；

②跪立在患者一侧，两膝分开；

③开始胸外按压，找准正确按压点，保证按压力量、速度和深度。

按压点为患者两乳头连线的中点部位（胸骨中下段），右手（或左手）掌根紧贴患者胸部中点，双手交叉重叠，右手（或左手）五指翘起，双臂伸直；利用上身力量，用力按压 30 次，速度至少保证 100~120 次/分，按压深度至少 5~6 厘米。按压过程中，掌根部不可离开胸壁，以免引起按压位置波动而发生肋骨骨折。

（2）开放气道

仰头抬/举颏法开放气道：用一只手放置在患者前额，并向下压迫，另一只手放

在颏部(下巴),并向上提起,头部后仰,使双侧鼻孔朝正上方即可;将患者头偏向一侧,看患者口腔是否有分泌物,若有则进行清理;如有活动假牙,需摘除。

(3)人工呼吸

在患者口部放置呼吸膜进行隔离,若无呼吸膜,可以用纱布、手帕、一次性口罩等透气性强的物品代替,但不能用卫生纸巾这类遇水即碎物品代替。用手捏住患者鼻翼两侧,用嘴完全包裹住患者嘴部,吹气两次。每次吹气时,需注意观察胸廓起伏,保证有效吹气,并松开紧捏患者鼻翼的手指;每次吹气,应持续1~2秒,不宜时间过长,也不可吹气量过大。

注意:以上步骤按照30∶2的比例,重复进行胸外按压和人工呼吸,直到医护人员赶到。30次胸外按压和2次人工呼吸为一个循环,每5个循环检查一次患者呼吸、脉搏是否恢复,直到医护人员到场。当进行一定时间感到疲累时,及时换人持续进行,确保按压深度及力度。

(4)AED使用

当取得AED(自动体外除颤器)后,打开AED电源,按照AED语音提示,进行操作;根据电极片上的标识,将一个贴在右胸上部,另一个贴在左侧乳头外缘(可根据AED上的图片指示贴);离开患者并按下心电分析键,如提示室颤,按下电击按钮;如果一次除颤后未恢复有效心率,立即进行5个循环心肺复苏,直至专业医护人员赶到。

拓展阅读

为危险作业的劳动者系牢"安全带"

据2014年6月2日《北京青年报》报道,5月29日、31日,在北京,接连有两名空调修理工在高空室外操作时不慎坠楼身亡。这无疑应该引起人们对这一群体的更多关注。

空调工坠亡的事情缘何时有发生?大体有几方面因素。比如,时下建筑设计给空调安装带来的风险。首先是城市里高楼大厦不断拔地而起,那种"欲与天公试比高"的架势使得空调室外机的安装成为一项高危作业,空调工也即成了高危职业者。其次是一些建筑没有预留独立的空调室外机放置空间,或者即便预留了空间但并没有考虑工人安装的便利,使得空调的安装环境越来越复杂。

比如,工人自身的安全意识不足。上述坠亡空调工之一本身没有系安全绳。其他高空作者人员就算系了安全绳,也往往是命悬一"绳"。说到安全绳,业内人士称,在粗细、承重等方面并无统一标准,有的是企业负责采购,有的是空调工自行购买,用或者不用更多的是工人自己说了算,磨损程度怎样、多长时间更换也由工人自己把控。

比如，技术水平不够。2010年7月1日，国家安监总局《特种作业人员安全技术培训考核管理规定》正式实施，其中把小型空调安装纳入特种作业范围，并明确空调安装工高处作业必须经过专门培训，持证上岗。遗憾的是，现实中大量的空调工不仅无证上岗，而且连基本的培训都没有，学技术全靠"传帮带"。由于行业的特殊性，这些空调工往往分散在城市的各个角落，监管部门很难面面俱到。

比如，劳动保障和安全保障的问题。一方面，空调安装与维修的季节性强，使得很多企业不愿养太多的空调工，有的干脆将空调的上门安装、维修等外包给相关公司；而夏季忙时人手不够，一些公司便可能临时招人。这就使得空调工大多是"临时工""季节工"，甚至"游击队"多过"正规军"，企业不仅可能不跟他们签订劳动合同，而且可能不按规定给他们缴纳必要的保险。另一方面，不少保险公司都把空调工列为较高等级的"危险职业"，要么不予承保，要么需缴纳更高的保费。一些企业不愿意支付这笔费用，而一些空调工虽然意识到自己职业的危险性，但并不舍得花这份钱，总觉得"只要自己注意点儿"就行了。这无疑使得对空调工的劳动保障和安全保障陷入尴尬境地。

诸多因素之下，空调工的安全意识、自我安全保护能力，实在令人心忧。

对空调工这一特殊群体的劳动保护和权益维护，不可忽略。空调工的生命安全不能只靠一根绳子维系。对用工企业来说，为自己的员工缴纳保险、提供必要的劳动保障措施和设备是其应尽义务，不能因用工是否固定而有所改变；对劳动行政部门来说，督促企业履行义务，落实劳动者本该享有的各项权益是其职责，不能因监管的难易而有所不同。很多事情，其实不在难与不难，而是做与不做。

此外，就工人自身来说，更应该对自己的生命负责；有安装需求的业主也不要提一些无理要求，增加安装难度；一些省份、企业推行的针对高危行业的安全生产责任保险和安全生产风险抵押金等应该进一步推广，并将空调工纳入其中。

在各行各业还有不少高危职业和从事危险作业的劳动者，比如，煤矿工人、烟花爆竹生产企业的工人、消防员以及各种需要在高压高温高空作业的人员等。从某种意义上说，他们是用生命在工作、劳动和创造价值。不管相关部门还是公众，都应该对他们抱着一份感谢和尊重，给予他们更多关注、关爱和保护。

（资料来源：《工人日报》，作者林琳，有改动）

第四章　劳动安全与劳动保障

实践活动

项目1：紧急救助——心肺复苏

心肺复苏是急救知识的一项重要内容。请分小组扮演，每组4~5人，每组同学依次轮流对医学假人实施心肺复苏。每组活动时间为30分钟。活动结束后，请评选出动作最标准小组，并分析你所在小组在实施心肺复苏时存在的问题。

扮演角色：_____

存在的问题：_____

项目2：市场调研——你身边的劳动场所安全吗？

劳动场所关乎着劳动者的生命安全，不论何时，我们都应格外注意。划分小组，每组4~5人，每组选定一处劳动场所调研，各小组均不同。调研主题为劳动场所是否安全，要求在调研过程中仔细查看各机器设备、电气设备、锅炉等的使用情况，查看通风、照明等是否符合标准，等等。调研结束后拟写一份报告，在班级中交流。

你的调研报告：_____

该劳动场所还需改进的地方：_____

第二节　劳动保障

甲是外国人，自2017年起在某市一家外商独资企业工作，担任财务经理一职。用人单位与甲签订的劳动合同约定对岗位实行标准工时制，即每周工作五天，每天工作八小时。自2018年1月1日起公司向劳动部门申请，根据需要对公司包括高管在内的十多个岗位实行不定时工作制，并得到劳动部门的行政许可。2019年甲与公司产生纠纷，公司以财务经理适用不定时工作制为由拒不支付加班费，那么甲能否主张自2018年到2019年的加班费？

劳动纠纷，又称劳动争议，指劳动关系当事人之间因劳动的权利与义务发生分歧而引起的争议。其中有的属于既定权利的争议，即因适用劳动法和劳动合同、集体合同的既定内容而发生的争议；有的属于要求新的权利而出现的争议，是因制定或变更劳动条件而发生的争议。

一、劳动争议的处理原则

根据《劳动法》第七十八条规定："解决劳动争议，应当根据合法、公正、及时处

理的原则，依法维护劳动争议当事人的合法权益。"

根据《中华人民共和国企业劳动争议处理条例》的规定，处理劳动争议时应当遵循着重调解、及时处理，在查清事实的基础上依法处理，当事人在适用法律上一律平等的原则。

1. 着重调解

着重调解是处理劳动争议的基本手段，并且贯穿于劳动争议处理的始终。无论是调解、仲裁还是审判，都要贯彻先行调解原则，能够达成调解协议的首先要达成调解协议，调解的前提是双方自愿，自愿达成的协议必须合法。

2. 及时处理

劳动争议必须及时处理。调解虽然是调解争议的重要手段，但并不是万能的手段，当调解无法达成协议时不能久调不决。为此，《劳动法》第八十三条及《企业劳动争议处理条例》规定了关于调解、仲裁的期限。

3. 以事实为依据，以法律为准绳原则

以事实为依据，以法律为准绳是我国法制的基本原则。在处理劳动争议时，要求调解委员会、仲裁委员会及人民法院都必须对争议的事实进行深入、细致、客观的调查、分析，查明事实真相，这是准确适用法律、公正处理争议的基础。在查清事实的基础上，应当依照法律规定依法进行调解、仲裁和审判。处理劳动争议是一项政策性很强的工作，既不能主观臆断，更不能徇私枉法。以法律为准绳要求处理劳动争议，判断是非、责任要以劳动法律、法规为依据；处理争议的程序要依法；处理的结果要合法，不得侵犯社会公共利益和他人的利益。

> **知识链接**
>
> **劳动争议的基本特征**
>
> （1）劳动争议是劳动关系当事人之间的争议。劳动关系当事人，一方为劳动者，另一方为用人单位。劳动者主要是指与在中国境内的企业、个体经济组织建立劳动合同关系的职工和与国家机关、事业组织、社会团体建立劳动合同关系的职工。用人单位是指在中国境内的企业、个体经济组织以及国家机关、事业组织、社会团体等与劳动者订立了劳动合同的单位。不具有劳动法律关系主体身份者之间所发生的争议，不属于劳动争议。如果争议不是发生在劳动关系双方当事人之间，即使争议内容涉及劳动问题，也不构成劳动争议。如，劳动者之间在劳动过程中发生的争议，用人单位之间因劳动力流动发生的争议，劳动者或用人单位与劳动行政部门在劳动行政管理中发生的争议，劳动者或用人单位与劳动服务主体在劳动服务过程中发生的争议等，都不属劳动争议。

> （2）劳动争议的内容涉及劳动权利和劳动义务，是为实现劳动关系而产生的争议。劳动关系是劳动权利义务关系，如果劳动者与用人单位之间不是为了实现劳动权利和劳动义务而发生的争议，就不属于劳动争议的范畴。劳动权利和劳动义务的内容非常广泛，包括就业、工资、工时、劳动保护、劳动保险、劳动福利、职业培训、民主管理、奖励惩罚等。
>
> （3）劳动争议既可以表现为非对抗性矛盾，也可以表现为对抗性矛盾，而且，两者在一定条件下可以相互转化。在一般情况下，劳动争议表现为非对抗性矛盾，给社会和经济带来不利影响。

二、劳动争议的处理形式

劳动争议常有四种处理形式，即协商、调解、仲裁和诉讼。

1. 协商

劳动争议发生后，劳动者应当先尝试与用人单位进行协商。如对于工作时间、加班费、职工福利等不涉及工作变动和人事处理方面的争议，劳动者并不想与用人单位撕破脸，用人单位一般也不想把事情扩大化，所以双方进行协商的可能性较大，程序简单。因此，协商是最为简便易行的解决方法。

2. 调解

劳动者与用人单位可在自愿的前提下申请企业劳动争议调解委员会调解。劳动争议调解委员会是用人单位根据《劳动法》和《企业劳动争议处理条例》的规定在本单位内部设立的专门处理与本单位劳动者之间的劳动争议的群众性组织。除此机构之外，劳动者也可向依法设立的基层人民调解组织或在乡镇、街道设立的具有劳动争议调解职能的组织申请调解。

调解是处理企业劳动争议的基本办法或途径之一。事实上，调解可以贯穿着整个劳动争议的解决过程。它既指在企业劳动争议进入仲裁或诉讼以后由仲裁委员会或法院所做的调解工作，也指企业调解委员会对企业劳动争议所做的调解活动。这里所说的调解指的是后者。企业调解委员会所做的调解活动主要是指调解委员会在接受争议双方当事人调解申请后，首先要查清事实、明确责任，在此基础上根据有关法律和集体合同或劳动合同的规定，通过自己的说服、诱导，最终促使双方当事人在相互让步的前提下自愿达成解决劳动争议的协议。

3. 仲裁

劳动者还可直接向劳动争议仲裁委员会申请仲裁，也可将未达成调解协议或协

议达成后反悔的劳动争议提请仲裁。但劳动者应当自劳动争议发生之日 60 日内向有管辖权的劳动争议仲裁委员会提出书面申请，且提交相应文件和相关证据材料。

4. 诉讼

劳动者如对仲裁裁决不服，可自收到仲裁裁决之日起 15 日内向人民法院提起诉讼。在劳动争议中，仲裁是诉讼的前置程序，即当劳动争议发生后，劳动者不能直接到法院起诉，只有在不服劳动仲裁裁决的情况下，在法定期间内才可以诉诸法院解决。劳动争议诉讼是解决劳动争议的最终程序，因此劳动者应当积极把握这一法律上的最后维权机会。

> **知识链接**
>
> **劳动争议处理证据的收集技巧**
>
> 1. 关于书证
> (1)"谁主张，谁举证"：
> 书证的提供，原则上由主张相关事实的当事人负责。
> (2)举证倒置：
> 有证据证明一方当事人持有证据无正当理由拒不提供，如果对方当事人主张该证据的内容不利于证据持有人，可以推定该主张成立。
> (3)申请调查取证：
> 案件第三方持有的书证，可通过律师进行调查取证；若持有书证的案外第三人不愿将书证提交仲裁或法院的，又或当事人、代理人收集该文书确有困难的，则可由当事人向仲裁或法院提出书面调查取证的申请，要求仲裁机构或人民法院进行收集。
>
> 2. 关于物证
> (1)勘验、检查；
> (2)搜查；
> (3)扣押；
> (4)提供与调取。
> 由于物证的收集、调查多数关系到人身权利和物权的问题，其中物权不仅涉及该物证的所有权，还涉及物证的使用权，因此物证的收集调查是一项十分严肃的法律行为，必须严格遵守法律规定的程序。
>
> 3. 关于视听资料
> (1)征得对方同意的情况下进行录制的视听资料；
> (2)为保护自我权益且不侵犯他人合法权益，也未违反法律禁止性规定的情况下录制的视听资料；
> (3)经过第三方公证情况下录制的视听资料。

4. 关于证人证言

(1)主动制作谈话笔录；

(2)由知情人出具证明；

(3)由合法组织出具单位证明；

(4)由律师取证；

(5)申请仲裁或法院通知证人出庭作证。

5. 关于当事人陈述

(1)出具书面的情况说明；

(2)制作谈话笔录；

(3)当事人进行的申诉的相关记录。

6. 关于鉴定结论

(1)自行委托鉴定；

(2)申请鉴定。

三、劳动争议的处理程序

按照劳动争议的处理形式不同，其处理程序也不同。

1. 调解的处理程序

当产生劳动争议时，由调解委员会调解，其调解步骤如下：

申请 → 受理 → 调查 → 调解 → 制作调解协议书

2. 仲裁的处理程序

仲裁也称公断。仲裁作为企业劳动争议的处理办法之一，是指劳动争议仲裁机构依法对争议双方当事人的争议案件进行居中公断的执法行为。仲裁一般要经历以下几个阶段。

(1)案件受理阶段。这一阶段包括两项工作：一是当事人在规定的时效内向劳动争议仲裁委员会提交请求仲裁的书面申请；二是案件受理。仲裁委员会在收到仲裁申请后一段时间内要做出受理或不受理的决定。

(2)调查取证阶段。调查取证的目的是收集有关证据和材料，查明争议实施，为下一步的调解或裁决做好准备工作。调查取证工作包括撰写调查提纲，根据调查提纲进行有针对性的调查取证，核实调查结果和有关证据等。

(3)调解阶段。仲裁庭在查明事实的基础上，首先要做调解工作，努力促使双方当事人自愿达成协议。对达成协议的仲裁庭还需制作仲裁调解书。

（4）裁决阶段。经仲裁庭调解无效或仲裁调解书送达前当事人反悔，调解失败的，劳动争议的处理便进入裁决阶段。仲裁庭的裁决要通过召开仲裁会议的形式做出。一般要经过庭审调查、双方辩论和陈述等过程，最后由仲裁员对争议事实进行充分协商，按照少数服从多数的原则做出裁决。仲裁庭做出裁决后应制作调解裁决书。当事人对裁决不服的，可在规定时间内向法院起诉。

（5）调解或裁决的执行阶段。仲裁调解书自送达当事人之日起生效；仲裁裁决书在法定起诉期满后生效。生效后的调解或裁决，当事双方都应该自觉执行。

探讨分享

想一想，协商有固定的处理程序吗？

四、诉讼的处理程序

诉讼是人民法院按照民事诉讼法规的程序，以劳动法规为依据，按照劳动争议案件进行审理的活动。不同时期、不同地区的诉讼程序不同，我国诉讼程序由刑事诉讼法和民事诉讼法所规定。

诉讼程序包含两方面的规定性：一方面是程序活动的阶段和过程；另一方面是一种关系安排，体现了程序主体之间的关系结构。诉讼程序有广义和狭义之分。

在广义上，由于诉讼活动既包括审判行为、侦查行为、执行行为，又包括当事人的诉讼行为，因而诉讼程序也相应地有审判程序、侦查程序、执行程序以及当事人诉讼行为的程序之分。

在狭义上，诉讼程序仅指审判权和诉讼权行使的程序。

知识链接

劳动争议的范围

劳动争议的范围在不同的国家有不同的规定。根据我国《劳动争议调解仲裁法》第二条规定，劳动争议的范围是：

因确认劳动关系发生的争议；

因订立、履行、变更、解除和终止劳动合同发生的争议；

因除名、辞退和辞职、离职发生的争议；

因工作时间、休息休假、社会保险、福利、培训以及劳动保护发生的争议；因劳动报酬、工伤医疗费、经济补偿或者赔偿金等发生的争议；

法律、法规规定的其他劳动争议。

第四章　劳动安全与劳动保障

拓展阅读

制度落地让劳动者权益保障更踏实

一张连续凌晨打卡考勤记录，将深圳某IT精英猝死的消息推至公众视野。奋斗的生命戛然而止，而且这还不是第一个因过劳倒下的年轻人，人们唏嘘感叹之余，再次将目光聚焦劳动者权益保护。

休息休假，是劳动者基本权益的重要方面。近年来，一起起欠薪讨薪事件，一篇篇就业歧视报道，一次次工伤鉴定纠纷，一回回社保缴纳征求意见……在不断磨合碰撞、交流沟通中，劳动者权益的内涵越来越丰富具象，对接到普通人的生活工作中。劳动者对自身权益更加敏感，诉求水涨船高。人们不仅关心到手多少真金白银，也更加关心工作环境、福利社保、上升空间等等。这时，维护劳动者合法权益停留在"不欠薪"乃至"涨薪"已经不够，制度设计理念需要进一步更新升级。

这些年，我国在劳动者权益保护方面取得了不少进步，劳动法体系已初步建立健全。近段时间更是动作频频，中央发文要求构建和谐劳动关系，各地如北京市总工会公布工资集体协商新三年计划。不同层面、不同角度的制度框架不断搭建，提振着劳动者士气。然而，理想与现实的差距仍不容小觑。就拿加班休假来说，《劳动法》第41条明确规定，加班每月最多不超36小时。而一项调查数据显示，2014年我国九成行业周工时超40小时，食宿和餐饮业劳动者平均周工时甚至达到51.4小时。这里头，或许有劳动者个体为追求梦想而自愿付出，但根本原因恐怕还在于制度遭遇了种种梗阻。

劳动者的腰板要硬起来，有赖制度扎实落地。比如工资协商，渠道和形式是有了，但具体操作时，职工如何要求涨薪，多大幅度合适，企业若拒绝又当如何？比如带薪休假，人人都说好，但任务一来，不仅上层管理者不松口，即便是员工本人也难于启齿。规避以行业特点或岗位特性为由的"集体性"无视权利，让正当休假成为一种氛围，没有点强制措施怕是不行。让美好愿景真正化为劳动者的强力后盾，世界许多国家都还在探索，我们同样有很长一段路要走。

劳动既是人的生存之本，也是推动社会进步的根本力量。当前，我国正处于经济社会发展转型的关键时期，呼唤千千万万劳动者克勤克俭、埋头苦干，要最大限度激发劳动者的主观能动性，必须排除阻碍其参与发展、分享发展成果的障碍，努力让其实现体面劳动，全面发展。当尊重劳动的良好氛围蔚然而成，劳动者在劳动中实现自我发展、享受劳动乐趣，社会发展的推动力才更可持续。

（资料来源：《北京日报》，作者汤华臻，有改动）

探讨分享

和同学相互交流你身边发生的劳动争议。

实践活动

项目1：模拟法庭——劳务维权大家支着儿

以班级为单位，划分小组，每组4～5人，其中2～3名为法官，剩余2人分别为用人单位代表和劳动者。以劳务维权为背景，开展相关的实践活动。维权原因要求每组2～3条，维权方不定，每组开庭时间为30分钟。

我代表的角色：_____
维权方的理由：_____
我辩解的要点：_____
我的实践感受：_____

项目2：市场调研——你身边的劳动争议得到解决了吗？

劳动争议的发生十分常见，在我们身边比比皆是。但即使面对劳动权益没有得到保障的情况，由于很多人不懂法或觉得维权过程麻烦，往往会选择放弃。现请以"你身边的劳动争议得到解决了吗？"为实践主题，进行市场调研，要求调研对象不低于6人。调研结束后需撰写调研报告，并在班级发言，发言内容为调研过程、调研结果，以及个人感悟。

调研过程：_____
调研结果：_____
个人感悟：_____

第五章

衣食住行样样在行

学习导读

　　毕加索是世界著名的画家、雕塑家，也是现代艺术（立体派）的创始人、西方现代派绘画的主要代表。帕洛玛作为毕加索的女儿，只要她亮出父亲这一"护身符"，就能轻而易举地做她想做的事情。但是，帕洛玛并不想依靠她的"名人爸爸"来抬高自己的身价，她在18岁的时候换姓，靠自己打拼，经过不懈的努力和坚持，她终于成为一名服装、珠宝设计师。因为自立，她成功了。

　　倘若你是一棵瘦弱的小树，有一天，沙尘暴来了，你是躲到大树身边避险，还是咬着牙紧紧扎根在地里？

　　选择前者，固然更安全，但是沙尘暴还有可能再来，那么下一次你找谁、靠谁呢？选择后者，虽然刚开始会面临危险，但是如果你挺过这一次，那么你就一定能挺过下一次。

　　一味地依赖别人是行不通的，总有一天你要独自面对陌生的环境和生活。花盆里长不出苍松，鸟笼里飞不出雄鹰。如若不想做温室里的花朵，那就勇敢地出发，勇闯天涯吧。

劳动是自立的根本途径。从某种意义上讲，自立教育和劳动教育是高度统一的，自立不能没有劳动，劳动使自立成为可能。

第一节　洒扫庭除

习近平总书记在党的十九大报告中指出："建设生态文明是中华民族永续发展的千年大计，必须树立和践行绿水青山就是金山银山的理念。""要坚定走生产发展、生活富裕、生态良好的文明发展道路，建设美丽中国，为人民创造良好生活环境，为全球生态安全做出贡献。"

"绿水青山就是金山银山"，生态环境保护是当下迫在眉睫的任务，我们必须认识保护生态环境的迫切性和重要性，做绿化环境的践行者。

> **知识链接**
>
> **一屋不扫，何以扫天下？**
>
> 东汉太傅陈蕃。其祖父曾任河东太守。不过到了陈蕃一辈，家道中落，不再威显乡里。陈蕃15岁时，曾经独处一个庭院习读诗书。一天，其父的一位老朋友薛勤来看他，看到院里杂草丛生、秽物满地，就对陈蕃说："孺子何不洒扫以待宾客？"陈蕃当即回答："大丈夫处世，当扫除天下，安事一室乎！"这回答让薛勤暗自吃惊，知道此人虽年少却胸怀大志。感悟之余，劝道："一屋不扫，何以扫天下？"以激励他从小事、从身边事做起。没想到，千年以前的两句对话，竟成了后人教子育人的名言，用以激励他人从小事、从身边事做起。

党的十九大首次将"美丽"作为社会主义现代化强国的限定词之一，提出为把我国建设成为富强民主文明和谐美丽的社会主义现代化强国而奋斗。

地球是人类唯一的家园，我们应该时刻做好清洁与美化。作为学生的我们，以校园环境为例，应该从哪些方面入手呢？

一、室内的清洁与美化

校园的室内空间一般指教室、寝室、实验室、图书馆、会议室、资料室、档案室、机房、仓库、接待室等，需要清洁美化的地方主要有天花板、墙面、床铺、黑板、门窗、玻璃、桌椅、柜子、讲台、地面等（见表5-1）。

第五章　衣食住行样样在行

表 5-1　室内清洁的主要内容

检查	进入室内，先查看是否有异常现象，如有无损坏的物品等。如发现异常，应先向有关部门报告后再清洁与美化
除尘	除尘要按照先里后外、先上后下、先窗后门、先桌面后地面的顺序。先清扫天花板、墙面上的灰尘和蜘蛛网，再清除窗户、门面的灰尘，实验器材、桌椅等物品挪动后要复原
清理顺序	从门口开始，由左至右或由右至左，依次擦拭室内桌椅、柜子、讲台和墙壁等。抹布应拧干，擦拭每一件物品时，应由高到低、先里后外。擦墙壁时，重点擦拭门窗、窗台等。操作时，先将湿润的涂水毛巾（干净的）装在伸缩杆顶部，沿顶部平行湿润玻璃，然后以垂直上落法湿润其他部分的玻璃。再用干净的抹布擦干净窗框及窗台，最后用干燥的无毛的棉布擦干净玻璃四周和中间的水珠。大幅墙面、天花板等的清洁为定期清除（如每周清洁一次）
整理	讲台、桌面、试验台上的主要物品，如粉笔盒、粉笔擦、试验器具等抹净后，按照原位摆放整齐
清倒	清倒室内的纸篓、垃圾桶
更换	收集垃圾并更换垃圾袋
关闭	清扫结束后，保洁人员退至门口，环视室内，确认清扫质量，然后关窗、关电、锁门

> **知识链接**
>
> ### 室内清洁质量标准
>
> 　　室内整洁干净无灰尘，纸篓垃圾桶肚子空空。桌面无乱涂乱画痕迹，桌椅设备摆放很整齐。墙面无张贴张挂乱象，地面没有污迹和垃圾。窗户明亮空气更清新，心情舒畅学习有效率。
>
> 　　在美化室内时，应充分考虑教室、寝室等充当的角色。如教室的美化应以宽敞、简洁、有朝气为主，寝室的美化应以温馨、舒适为主。下面以寝室为例介绍室内美化主要考虑的因素。
>
> 　　寝室的美化主要考虑的因素如下：
>
> 　　第一，简单、大方。寝室的空间有限，所以在美化寝室时，不必放置太多的东西。
>
> 　　第二，温馨、舒适。寝室是放松休憩的地方，在美化时，可考虑烘托一种温馨、舒适的气氛，让寝室充满家的温暖气息。
>
> 　　第三，突出文化气息。寝室除了充当休息的场所，有时还充当学习的场所，所以在布置寝室时，应充分考虑其色彩、风格，营造一种安静、舒适的学习环境。

劳动教育理论与实践教程

> **劳动技巧**
>
> **寝室美化小技巧**
>
> 衣柜篇：学校宿舍里的衣柜一般为直通式，没有隔断，在放置衣柜时往往会浪费较大的空间。基于此种情况，可以在衣柜中多使用一些衣柜隔板，把衣柜分成若干区域，此外还可以安装一些收纳挂筐，这样不仅能将收纳的物品分类，还能增加衣柜的实际可用容积。
>
> 桌面篇：在进行桌面美化时，一方面要考虑将不常用的物品收纳起来，另一方面还要考虑将桌面有限的面积发挥出更大的使用价值。具体可参考这两种方法：一是网格板收纳，将网格板放置在桌面墙上的边上，不仅能将一些小东西归纳整理好，同时网格板也能起到很好的装饰作用；二是桌下挂篮，桌下挂篮的空间较大，能放置很多的东西。
>
> 床边篇：床边挂篮和床边挂袋是非常实用的收纳工具，其面积较大，能放置水杯、书本、纸巾等一些物品，有效避免了学生爬上爬下取东西的麻烦。在美化室内时，应尽可能多地采用一些创意要点，如通过一些装修、设计风格彰显不同的文化，通过"变废为宝"，把牛奶瓶、废纸张等垃圾转变为笔筒等手工艺术品。

二、室外的清洁与美化

室外主要包括公共卫生间、校园道路、操场等场所。

公共卫生间、校园道路、操场等场所需要清洁的地方主要有天花板、墙面、窗户、门面、镜面、蹲位、地面、拖把池、洗手盆（台）、人行路、机动车道等（见表5-2）。

表5-2 室外清洁

天花板清理	用长柄扫把清扫天花板、墙面、墙角等处的蜘蛛网和灰尘
门窗、墙面清理	用湿抹布配合保洁刷清洁玻璃、镜面和墙面上的污迹
蹲便池、小便池清理	先用夹子夹出便池里的烟头、纸屑等杂物，然后冲水，再倒入洁厕剂泡一会儿，再用刷子刷洗。蹲便池、小便池的内外面均应冲洗，并检查冲水是否正常，有无堵塞等情况
洗手盆（台）清理	用清洁剂和百洁布擦洗洗手盆。从左到右抹干净台面，用毛巾从上到下擦拭镜子，水龙头也要清洗干净，保持光亮

第五章　衣食住行样样在行

续表

安排清理任务	根据劳动课安排进行分组分路段、分区域。明确清扫范围，合理安排清理垃圾、树叶等任务
分时段收集垃圾	每天采取分时段收集沿路垃圾，做到定时清扫、及时堆放、及时运送，做到不慢收、漏收
清扫道路、操场	保洁人员利用竹扫把，对校园道路、操场进行全面清扫。要做到"六不""三净"。即不花扫、漏扫；不见积水（无法排除的积水除外）；不见树叶、纸屑、烟头；不漏收堆；不乱倒垃圾（一律送到中转站）；不随便焚烧垃圾。路面净、路尾干净、人行道净
将垃圾送往中转站	进行路面清扫保洁时，垃圾收集应及时送往中转站，严禁将垃圾倒在道路两侧绿化带里或随便乱倒，严禁焚烧垃圾
坚持做到"三个一样"	校园路面清扫保洁要做到：晴天与雨天一个样；主干道与人行道一个样；检查与不检查一个样。严禁串岗、脱岗、坐岗等
更换	收集垃圾并换垃圾袋

知识链接

室外清洁的质量标准

天花板面无蜘蛛，墙壁墙角无灰尘。镜面玻璃净明亮，地面台面无水迹。厕所内外无臭味，道路平整无垃圾。道路灯杆无张贴，绿地平整无缺憾。

在对公共卫生间、校园道路、操场等场所进行美化时，可采用以下措施。

第一，点香薰。在公共卫生间点香薰，不仅可以祛除异味，还可以在夏天消灭蚊虫。需要注意的是，香薰的有效期为六七天，故每隔一周可更换一次。

第二，放绿植。在公共卫生间门口、校园道路两旁放置绿植，可极大地净化空气、美化环境。

第三，排设施。操场内的运动场所，如乒乓球台、篮球场，以及其他运动设施，在进行布置时，一定要做到井然有序。

第四，种花草。在校园空旷地区，可一定程度地多种花草树木，但在栽种时，一定要选择无刺激性气味、少毛无刺，具有形象美、色彩美，或具有特定的历史、文化内涵的品种。

劳动技巧

常用清洁工具的使用方法

常用的清洁工具主要有大小扫把、面板平拖把、面板套布平拖把等。

1. 大扫把、小扫把

(1)握法。用一只手的大拇指按在扫把的把端上(既可用力,又可控制方向),并用其他手指把握住,另一只手则在把端下方30~40厘米处握住。

(2)姿势。上身向前微探,但不可太弯曲,取不易疲劳的自然姿势。

(3)清扫方式。

①室内地面多用按扫方式,扫帚不离地面,挥动扫把时,稍用臂力向下弯压,既把灰尘、垃圾扫净,又防灰尘扬起。地面灰尘多时,每扫一次,应在地上墩一墩,以拍出粘在扫帚上的灰尘、泥土。

②为了不踩踏垃圾,应不断向前方扫,从狭窄处向宽广处扫,从边角处向中央清扫,室内清扫时,原则上由里向门口扫。

③清扫楼梯时,站在下一阶,从左右两端往中央集中,然后再往下扫,防止垃圾、灰尘从楼梯旁掉下去。

④随时集中垃圾、灰尘,将其扫入簸箕。

⑤清扫时应顺风扫。

2. 面板平拖把

先将若干个拖把头置于桶中用清水或添加消毒液的水浸湿,然后拧干水分,取出一个拖把头平放在地面,将拖把插入拖把头。如果是在公共场所,拖地前,先放置一块警示牌以防路人滑倒。

双手握住拖把杆的顶部和中部,左手在拖把杆顶部,右手在拖把杆中上部,握杆时拇指都保持在上方。

先用拖把沿着墙角推直线,然后将拖把采用"八字形"的路线,人体直立不弯腰,以后退的方式左右移动,通过右手的手腕用力来回旋转拖把杆,将拖把的一侧始终沿着一个方向推动。通常一个45厘米宽的拖把头,一般可以清洁20平方米的房间,一个60厘米宽的拖把头,可以清洁30平方米的房间。一个房间(或场所)清洁完后,取下拖把头,放入清洁袋中,接着更换拖把头再清洁另一个房间。

3. 面板套布平拖把

(1)正确组合面板套布平拖把。将旋转拖把的面板平整地放在地上,然后将拖把盘和拖把头对准,垂直状态按下去,再稳稳用脚轻轻踩下拖把盘,当听到咔嚓一声响的时候,即完成组装。

(2)正确使用滑套保护。在脱水的时候，单手轻握滑套以固定握把，可以有效地保护双手，起到防滑、防磨的作用。同时在使用时，将滑套移至把手顶端，可以避免上下滚动。

(3)正确调整角度。握把的角度可自行调整至45度、90度、180度等，按照卡槽方向上下轻轻调整即可。布条清洗时，保持握把直上直下移动，可均匀洗净拖把头。在脱水时，要将拖把头水平放置，把手需直立向下投入，之后轻握把手即可，注意把手勿倾斜。

(4)正确进行干洗控制。做到单脚上下轻踩踏板即可迅速脱水，可以说是安全不费力，还可去污、洗净。当然对于干燥的不同需求，可以调整脱水时间长短的方式控制好布条的干湿度。

第二节　学厨学德

俗话说，"民以食为天"，可见饮食对人们的生活至关重要。随着现代生活水平的不断提高，人们对饮食要求也越来越高。这时掌握健康的饮食习惯，合理膳食，成为每一位大学生必备的生活技能。

扫一扫
学厨学德

随着我国经济的不断发展，人们生活水平的提高，人们也开始越来越重视生活质量，追求健康的饮食。尤其是当下，食品安全问题不断出现，这就使得人们对健康的饮食越来越关注。

一、饮食文化与健康

（一）饮食文化概述

饮食文化是指特定社会群体的食物原料在开发利用、食品制作和饮食消费过程中的技术、科学、艺术，以及以饮食为基础的习俗、传统、思想和哲学，即由人们饮食生产和饮食生活的方式、过程、功能等结构组合而成的全部食事的总和。

饮食文化涉及食源的开发与利用、食具的运用与创新、食品的生产与消费、餐饮的服务与接待、餐饮业与食品业的经营与管理，以及饮食与国泰民安、饮食与文学艺术、饮食与人生境界的关系等。从外延看，饮食文化可以从时代与技法、地域与经济、民族与宗教、食品与食具、消费与层次、民俗与功能等多种角度进行分类，展示出不同的文化品位，体现出不同的使用价值，异彩纷呈。中国饮食不但讲究

"色、香、味"俱全，而且还讲究"滋、养、补"的特点。而随着社会的发展，菜式越来越丰富，吃法也是越来越多样，饮食文化也越来越多样。

> **知识链接**
>
> **中华饮食文化特点**
>
> 中华饮食文化博大精深、源远流长，在世界上享有很高的声誉，其特点包括以下方面。
>
> （1）风味多样。我国一直就有"南米北面"的说法，口味上有"南甜北咸、东酸西辣"之分，主要是指巴蜀、齐鲁、淮扬、粤闽四大风味。
>
> （2）四季有别。中国人善于根据四季变化搭配食物，夏天多吃清淡爽口食物，冬天多吃味醇浓厚食物。
>
> （3）讲究美感。中国人吃食物不仅讲求味，还讲究欣赏之美，即无论是红萝卜还是白菜心，都可以雕出各种造型，另外还讲究食材、食具，以及环境的搭配与和谐。
>
> （4）注重情趣。中国人喜欢给食物取富有趣味的名字，如"炝凤尾""蚂蚁上树""狮子头""叫花鸡"等。
>
> （5）中和为最。《古文尚书·说命》中有"若作和羹，尔惟盐梅"的名句，意思是要做好羹汤，关键是调和好咸（盐）酸（梅）二味。中和之美是中国传统文化最高的审美理想。

（二）饮食文化与健康的关系

饮食与健康息息相关。我们生活中所需的水分、蛋白质、矿物质及微量元素等绝大多数都来自于饮食，人们通过食物的摄取来满足人体新陈代谢的需要，使人体处于健康状态。日常饮食主要有蔬菜、水果、肉类。蔬菜含有丰富的维生素和矿物质，有调剂饮食、增进健康等作用。水果含有大量水分和维生素，有清热、止渴、健胃、降低胆固醇等作用。肉类含有大量蛋白质、脂肪、氨基酸等，有降低胆固醇、增强抵抗力、御寒保暖等作用。只有合理饮食，才能保证身体所需的各种营养元素，保证日常生活的正常进行。

第五章 衣食住行样样在行

> **知识链接**
>
> **食物的功效**
>
> 这些食物的功效,你真的了解了吗?
>
> 辣椒。辣椒含有丰富的维生素C,在补充营养的同时,还能刺激唾液及胃液的分泌,有健胃和除体内不良气体的作用。外用能使皮肤局部血管起反射性扩散,促进局部血液的循环,治疗冻疮。
>
> 木耳。木耳有清肺益气、补血活血、阵痛的作用。
>
> 杨梅。杨梅能治痢疾、胃气痛、中暑等。
>
> 苹果。苹果富含维生素B、维生素C、镁、钙等,能够增强免疫力,降低血压。
>
> 柚子。柚子富含胡萝卜素、维生素B_1、维生素B_2、维生素C、钙等,能够化痰止咳、健胃消食、消肿止胀。
>
> 鸭肉、鹅肉。鸭肉、鹅肉虽然富含脂肪,但因其分子结构接近橄榄油,故其不仅不会使血脂升高,相反还能降低胆固醇。
>
> 带鱼。带鱼鱼鳞含有较多卵磷脂和不饱和脂肪酸,有增强记忆力和美肤的作用。
>
> 鲤鱼。鲤鱼的营养价值很高,含多种蛋白质、游离氨基酸、维生素、钙、铁等,有开胃健脾、利尿消肿、消热解读、止咳平喘的作用。

二、烹饪家常菜肴

学会烹饪家常菜肴,不仅能帮助我们培养勤俭持家的好品质,还能让我们养成良好的生活习惯。常见的家常菜肴包括红烧豆腐、茄子豆角、番茄炒蛋、炒五花肉、辣子鸡丁等。下面介绍两种家常菜肴的烹饪方法。

(一)红烧豆腐

主料:豆腐,蒜苗。
辅料:食用油、食盐、酱油、蒜瓣、水淀粉、豆瓣酱各适量。
做法:
(1)将蒜苗洗干净,切成段,将大蒜切成蒜末,将豆腐切成小丁,将豆瓣酱剁细;
(2)热锅放油,油温之后,放豆瓣酱炒香,接着放蒜末至炒香;

83

(3)加少量开水，调入适量酱油和盐，放豆腐烧制，轻翻，使豆腐均匀入味；

(4)等水快收干时，加青蒜苗梗部，继续烧制；

(5)倒入一半水淀粉，推匀，再加青蒜苗叶部，倒入另一半水淀粉，推匀，烧一会儿，关火即可。

(二)茄子豆角

主料：豆角，茄子。

辅料：食用油、食盐、生抽、鸡精、蒜瓣、红辣椒各适量。

做法：

(1)茄子、豆角洗净切成约5厘米长，将红辣椒、蒜切碎。

(2)待锅烧热后倒入较多食用油。

(3)倒入豆角炒半分钟，变色后倒入茄子，快速翻炒约2分钟。

(4)至茄子稍微变软后将其和豆角一同盛出备用。

(5)锅洗净，重新下少许油烧热，倒入蒜末炒香，加入红辣椒，转中小火。

(6)倒入茄子和豆角，加入适量食盐、生抽、鸡精，快速翻炒即可。

劳动技巧

烹饪菜肴时，需要注意以下几点才能使其更美味。

(1)烧肉不宜过早放盐。盐的主要成分是氯化钠，易使肉中的蛋白质发生凝固，使肉块缩小、肉质变硬，且不宜烧烂。

(2)油锅不宜烧得过旺。经常食用烧得过旺的油炒菜，易产生低胃酸和胃溃疡。

(3)肉、骨烧煮忌加冷水。肉、骨中含有大量蛋白质和脂肪，烧煮中突加冷水会使蛋白质和脂肪迅速凝固，且其空隙也会骤然收缩不会变烂。

(4)红烧菜和汤菜主要在于焖和炖，必须掌握好火候；炒菜主要在于快，不能盖太长时间锅盖。

(5)酸碱食物不宜放味精。酸性食物高温时放味精会使味精失去水分而变成焦谷氨酸二钠，碱性食物高温时放味精会使味精转变成谷氨酸二钠，均会使食物失去鲜味。

第五章 衣食住行样样在行

> 拓展阅读 ▶

劳动是实现梦想的阶梯

"劳动是人类的本质活动,劳动光荣、创造伟大是对人类文明进步规律的重要诠释。"历尽千难万险,我们的祖先从幽暗的岁月深处一路走来,在生存实践中逐渐学会了狩猎、采摘、耕作、纺织……今天,从南水北调、青藏铁路等宏伟工程的建设,到"蛟龙"潜海、"嫦娥"飞天所抵达的深度与高度,皆拜人们的辛勤劳动所赐。正是因为劳动创造,我们拥有了历史的辉煌;也正是因为劳动创造,我们拥有了今天的成就。

劳动创造了世界,也创造了人本身。从古至今,人们一直赞美劳动、反对不劳而获。在《诗经》中,劳动人民把剥削者称为"硕鼠",质问其"不稼不穑,胡取禾三百廛兮"。劳动既是立身的根本,也是评判人生价值的重要标准。一个人为社会创造的物质精神财富越多,人生价值就越丰富。

"劳动是世界上一切欢乐和一切美好事情的源泉。"人的一生离不开劳动,不仅出于生存需要,还因为它能带来充实和愉悦的心灵体验。陶渊明有诗云:"种豆南山下,草盛豆苗稀。晨兴理荒秽,带月荷锄归。道狭草木长,夕露沾我衣。衣沾不足惜,但使愿无违。"劳动让诗人在精神上得到满足,生命亦因劳动而更美。今天,靠双手实现梦想、用劳动创造价值,正是每一名劳动者内心的真诚信仰。笔者曾听一名退休工人说:"我在厂里上班几十年,辛苦又充实,在家闲着反而难受。继续快乐地劳动,就是自己晚年最大的心愿。"朴实的话语中,蕴含着人们对人生价值的深刻理解、对劳动之美的真切感悟。幸福不会从天而降,但劳动可以让梦想成真。把劳动当作实现梦想、人生出彩的阶梯,这样的精神世界必定是充盈的、快乐的。

热爱劳动就是热爱生活,尊重劳动就是尊重自己。然而,现实中确有少数人觉得劳动辛苦,甚至妄想不劳而获,结果往往适得其反,不是给人生留下污点,就是走向歧途。有的人把劳动分成三六九等,不尊重体力劳动,却不知少了种粮农民、环卫工人、"快递小哥"等普通劳动者,自己就享受不了充裕的物质生活,甚至连生存都会成问题。对此,习近平总书记曾深刻指出:"在我们社会主义国家,一切劳动,无论是体力劳动还是脑力劳动,都值得尊重和鼓励;一切创造,无论是个人创造还是集体创造,也都值得尊重和鼓励。"事实上,劳动的过程,就是实现人生价值、创造社会价值的过程。劳动的美,亦体现在这个过程中,它不是光鲜靓丽的外表,而是千千万万劳动者把"劳动光荣、创造伟大"的理念根植于心、践之于行,以高度的主人翁责任感、卓越的劳动创造、忘我的拼搏奉献,在平凡岗位上做出不平凡的业绩。

> 以劳动成就梦想，离不开知识的浸润和滋养。新时代，中国的人口红利正从"数量型"转向"质量型"，知识正以前所未有的速度重塑着劳动形态，职业规划师、数据工程师、职业电竞选手、网络主播等新兴职业如雨后春笋般涌现……呼唤创造力的行业正在扩张，知识与劳动结合得更加紧密。当此之时，我们更应通过完善制度来营造尊重劳动、尊重知识、尊重人才、尊重创造的良好氛围，让劳动创造成为每一个中国人的精神底色。如此，定能焕发实干兴邦的劳动热情和创造激情，为实现中华民族伟大复兴中国梦提供源源不竭的力量。
>
> （资料来源：《江西日报》，作者范嘉欣，有改动）

实践活动

项目1：打卡记录——我的作息时间

良好的作息习惯对健康的体魄有着举足轻重的作用，作息习惯常用时间来记录，以证明在某一时间段某人所做的事情。现以"我的作息时间"为主题开展评比活动，要求每人记录的作息时间为一周，且需真实，并以班级为单位，选出最佳作息时间记录表。

我的作息时间记录表：_____

还需改进的地方：_____

项目2：作品展示——我的寝室，我的家

寝室作为我们在学校的"家"，十分重要。美化寝室，不仅能让我们有更好的休息场所和学习场所，同时，还能让我们心情愉悦。请以"我的寝室，我的家"为主题，为寝室画出设计图，并以班级为单位，进行寝室设计图评比大赛，评选最优作品。

我的设计图：_____

我的构思：_____

主要优点：_____

项目3：制作最拿手的面食

面食种类繁多，常见的有面条、包子、饺子、馒头、油条、抄手等。请动手制作一种你最拿手的面食，并以班级为单位，进行成果评比大赛。此外，收集"面食文化知多少"资料，并和同学相互交流你的感受。

第五章　衣食住行样样在行

项目 4：开展"衣橱收纳活动"

此项活动的依据和出发点是：养成良好收纳习惯，树立物品有序、整齐简约意识；良好的收纳习惯将杜绝购物浪费，树立节约意识，增强生活审美，令人受益终生。从收纳开始，可以增强自我管理、自我约束的能力，锻炼意志力，树立规则意识，促进人的全面发展。

项目 5：母亲节，为妈妈准备一顿营养餐（建议四菜一汤）

中国饮食文化博大精深、源远流长。做饭既是一种基本生活需求，又是一门学问、一种艺术。一道色香味俱佳的菜肴，不仅令人赏心悦目，还能让人胃口大增，提升生活的幸福感。

请以"母亲节，为妈妈准备一顿营养餐"为主题开展一次实践活动。学生可以根据母亲的喜好，为她准备一顿美味营养餐。要求用PPT或短视频的形式记录过程。

【过程记录】

拟制菜单：_____
_____
_____
_____

获取菜谱：_____
_____
_____
_____

实施难点及解决方案：_____
_____
_____
_____
_____

心得体会：_____
_____
_____
_____

【结果评价】

教师可参考表 5-5 对学生制作的美食营养餐进行评价。

表 5-5 "为妈妈做一顿美味营养餐"活动评价表

评价标准	分值	分数小计	教师评价
菜肴营养、健康	20 分		
搭配均衡	20 分		
菜式好看、色泽明亮	20 分		
味道较好	20 分		
PPT 制作精美/视频剪辑精美	20 分		

第六章

上好校园劳动必修课

学习导读

劳动教育是国民教育体系的重要内容，是学生全面发展的必要途径，具有树德、增智、强体、育美的综合育人价值。实施劳动教育重点是在系统的文化知识学习之外，开展校园劳动必修课，有目的、有计划地组织学生参加日常生活劳动、生产劳动和服务性劳动，让学生动手实践、出力流汗，接受锻炼、磨练意志，培养学生正确的劳动价值观和良好的劳动品质。

导读案例

一次特殊的"迟到"

——20名大学生志愿者在机场参与抗疫志愿服务延迟到校

"您好！您需要到渝北的一家酒店去隔离，请在那边坐车。"5月11日中午，一架从新加坡飞来的航班降落在重庆江北国际机场，100多名旅客被服务人员送往机场附近的体育活动中心。这里，是国际旅客分流处，重庆工业职业技术学院大二学生杜祥晨熟练地用英语询问着旅客，引导他们乘车前往隔离酒店。

从3月28日开始，重庆工业职业技术学院有20名大学生志愿者参与对入境旅客的机场分流、隔离酒店的服务工作。截至5月11日结束，他们工作了46天。接下来，他们将进行为期两周的隔离，比5月16日正常返校的同学晚一周多到校。

"全校一共有120名大学生报名。"由于国际疫情形势严峻，学校离机场较近，重庆市外事办便委托团市委在学校招募大学生志愿者，前往机场参与对入境旅客的防疫服务工作。出生于1998年的李鸿浩是被挑中的20名志愿者之一，担任领队。"其中8名在机场服务，其余的同学在3家隔离酒店工作。"出生于2001年的汤同学是其中最小的一员，为大学一年级学生，在机场服务。"入境旅客分乘坐国际航班和国内航班两种。"汤同学说。志愿者主要询问旅客信息、查询、登记，乘坐国际航班直达的旅客会直接被安排前往酒店隔离；乘坐国内航班中转的旅客如果符合入境条件、体温无异常，可以正常通行，若体温异常、隔离期未满，则需前往隔离酒店隔离。在酒店服务的同学，则主要从事信息传递等外围的工作。

志愿者们工作虽然简单，但工作时间不短。每天，按照早中晚排3个班，每个班的时间为七八个小时。"五一"期间天气非常热，志愿者们在工作期间都需要穿着防护服，有时热得汗流浃背，而且要坚持少上厕所。有时，志愿者也会遇见"麻烦事"，比如有的旅客不愿意去隔离；有的旅客同名同姓，导致信息误差；有时航班晚点直至深夜，有在酒店组服务的同学，6点就要起床前往酒店……但这些事情，都被大家看作是成长中的磨砺。

"我很开心，能在抗疫一线工作，保护自己的家乡和想爱护的人。"汤同学说。"青春由磨砺而出彩，人生因奋斗而升华。"李同学说，"在抗疫和脱贫攻坚中，不少90后青年勇于担当，体现出新时代青年的责任意识，一代人有一代人的使命，在抗疫一线贡献力量，这是我作为一名中共预备党员的职责。"

（资料来源：《重庆日报》，记者李星婷，2020年05月15日）

名人名言

没有一个清洁的环境，再优裕的生活条件也无意义。

——曲格平

第一节　低碳校园生活

随着全球气候的不断变化，可持续发展观念在国人心中的不断加深，国内外各地积极采取有效措施，解决全球气候变暖等环境问题，越来越多的人开始将环保的生活理念融入自己的生活当中。高校作为教学育人和科研的主要场所，低碳校园的建设对加强社会环境建设有着重要意义。

低碳生活作为一种新兴的生活方式，越来越被广泛认识和接受。它是倡导能源的低消耗和二氧化碳的低排放，即低能耗、低污染、低消费的生活。在大学校园里，低碳环保理念越来越深入人心，但是纵观新时代的大学校园，大学生在思想认识和具体行为上还存在着许多问题，因此，如何养成低碳生活习惯、宣传低碳生活，具有十分重要的意义。

一、勤俭节约

（一）大学校园的浪费现象

随着社会发展和国民收入的提高，人们的消费水平也有了很大的提升。对于没有固定收入的大学生也表现出旺盛的消费需求，甚至过度消费，产生攀比现象。当然，大部分学生依然秉持勤俭节约的美德，懂得量入为出。

我们常常看到学校食堂餐桌上剩饭剩菜被丢弃、洗手间的水龙头"细水长流"、宿舍里人走灯亮等浪费资源的现象，而这些现象背后代表着千千万万的家庭，在某种程度上也正是社会现实的部分反映。习近平总书记对"厉行节约，反对浪费"做出重要工作批示，大学生作为新时代的主力军，要立足从自身出发，改变目前普遍存在的浪费现象，建立良好社会风气，为世人做出表率。

（二）大学生消费心理

消费心理指消费者进行消费活动时所表现出的心理特征与心理活动的过程，指消费者心理发生的一切心理活动，以及由此产生的消费行为，包括消费者观察商品、搜

集商品信息、选择商品品牌、决策购买方式、使用商品形成心理感受和心理体验、向生产经营单位提供信息反馈等心理行为。

大学生经济还不独立，许多同学将生活费过多地花费在了吃饭、逛街、网购、聚会上，而有的同学则为了减轻家庭负担，在校利用课余时间勤工俭学，为自己赚取生活费。有限的生活费如何分配更合理？看到自己喜欢的东西很想买，但是一时负担不起怎么办？面对种种诱惑，大学生应当学会理财，提高理财能力和水平，克制互相攀比、炫耀的欲望，合理规范消费行为，有意识地规避校园贷等风险点。

> **案例阅读**
>
> ## 大学生溺亡，家人收到多条追债信息
>
> 北京某高校大三学生小范被发现留下遗书溺亡。在他离世后，家人在他的手机上不断收到威胁恐吓他还款的信息。至今，非法校园贷引发的恶性事件已不止一例。
>
> 北京某高校大三学生小范暑期返回家中，在给家人留下遗书后失踪。8月15日，小范被确认溺水死亡。此后，家人发现其曾在多个网络借贷平台贷款，并收到多条威胁恐吓的追债信息及视频。2017年8月3日，正在放暑假的小范向家人称要返回北京学校，随即离家。据小范的家人回忆，就在他离家的当天下午，在其卧室内发现了一封遗书，称自己"一步错、步步错"，并且说"我的心已经承受不住"。家人立即拨打小范的手机，但手机已无法接通，随后，家人立刻报警。
>
> 次日，小范父亲的手机就开始陆续收到数十条信息，信息内容都是关于追债讨债。其中一条为：账单今天3点前查不到全款，马上群发通讯录，通告学校领导及辅导员，并上传个人征信记录，后果严重，自己看着办！小范的父亲还接到多个追债电话，电话里的人在谩骂之后都声称小范借了高利贷，现在联系不到他，所以向其家人追债。
>
> 8月5日，一具在水中的浮尸被人发现。DNA比对结果显示：溺亡浮尸就是小范本人。恢复后的小范手机里，有多个网络借贷平台的微信公众号。小范从2016年7月开始，从一个名为"速X借"的网络借款平台借了第一笔1500元，随后就从另外一家网络借款平台借了3000元钱用于归还"速X借"的钱，然后再从另外的借款平台再借出更多的钱用来归还上一笔欠款。除了"速X借"外，他还在"今X客""哈X米"等网络借款平台上借款。
>
> （资料来源：根据《北京青年报》，2017年08月18日相关资料整理改写）

探讨分享

对于校园贷，我们建议同学们做到"三不要"：不要沾惹、不要"非理性"消费、不要"采取极端解决办法"。要树立正确消费观和金钱观，增强自我保护意识，对于涉及校园贷款的项目时三思，并及时向学院或家人进行求助。

分组探讨如何认清校园贷的真面目及如何防范？

（三）确立勤俭节约消费观的意义

习近平总书记在参加十三届全国人大二次会议内蒙古代表团审议时强调，"不论我们国家发展到什么水平，不论人民生活改善到什么地步，艰苦奋斗、勤俭节约的思想永远不能丢"。在新中国成立70周年之际，习近平总书记重提艰苦奋斗、勤俭节约，我们改革实践经验、继承并发扬勤俭节约的优良传统，在新时代具有重要的历史意义和现实意义。

青年大学生作为"圆梦"新时代的建设者，是实现中国梦的栋梁，需要大学生立鸿鹄之志，展青春风采，做奋斗先锋。大学生树立勤俭节约的消费观是促进大学生树立勤俭节约意识、确保大学生健康成长的需要，是推动全社会形成勤俭节约的文明风尚，加强社会主义精神文明、弘扬社会主义荣辱观的要求，是实现中华民族伟大复兴的中国梦的需要。作为新时代青年，我们只有大兴勤俭节约之风，自觉摒弃铺张浪费行为，才能带动社会大众牢固树立倡导节约的良好社会风气。

案例阅读

怎样才算勤俭节约

中国青年报社会调查中心联合问卷网（wenjuan.com），对1988名在校大学生进行的一项调查显示，83.8%的受访大学生称平时会注意勤俭节约。受访大学生认为如今勤俭节约的内涵是不与人攀比、不随意浪费和不奢侈铺张。

大二汪同学每月有1200元的零花钱，她要求自己每月都要有结余，平时拿到零花钱会先存到理财产品里赚利息。虽然收益很少，但她认为这种习惯很重要。汪同学很少吃外卖，她说："一顿外卖可能吃掉我一天的伙食费。平时买学习用品和资料，我也会找同学合买以获得更优惠的价格。"

调查中，38.6%的受访大学生表示身边勤俭节约的同学多，40.3%的受访大学生表示身边这样的同学少。交互分析发现，表示自己注意勤俭节约的受访男生比例(87.1%)高于女生(80.3%)。大二陈同学表示，他从小就很节俭，"笔芯我一定要用到没油了才扔，如果笔尖坏了，写不出字了，我会换个笔尖继续用。我不会超出自己能力去消费，在食堂倒掉没吃完的饭菜，我会有愧疚感。"杨同学说，她和同学一起出去吃饭时，都不会认为点菜多更有排场，会适量点菜，吃不完会打包。辅导员张老师对记者说："有的男生追求高档电子产品，也有女生追求高档化妆品，这些花销往往超出他们的经济能力。班里也有个女孩，几乎餐餐都吃食堂，其他花销主要是购买学习用品，一个月生活费六七百元就足够。对于别人的指指点点，她很淡然。"

　　大学生怎样做才算勤俭节约？调查中，79.1%的受访大学生认为大学生不应该在消费上相互攀比，66.6%的受访大学生认为不应随意浪费，55.1%的受访大学生认为不应奢侈铺张，22.9%的受访大学生认为注意记账很重要。汪同学认为："应该合理消费，大学生应该试着赚一次钱，对于父母每月给的生活费才会更珍惜，更理解父母的辛苦。另外，大学生平时应该少关注明星的奢侈生活，少关注奢侈品。"张同学认为，在消费主义盛行的时代，仍然有必要提倡勤俭节约精神。"虽然大家手里的钱更多了，但资源是有限的。而且随意浪费，会增加环境负担，还会助长攀比风气。"

　　调查发现，90.5%的受访男生认同这个时代依然需要勤俭节约精神，比例高于受访女生(85.2%)。76.2%的受访大学生认为秉持勤俭节约美德能够帮助大学生树立正确的消费观，60.7%的受访大学生认为这样能够增强自控能力，57.8%的受访大学生认为这有利于养成良好的生活习惯，38.2%的受访大学生认为这有利于树立正确价值观。

　　陈同学认为，懂得勤俭节约的人往往更明白自己真正需要的是什么，也会给身边的人树立榜样，无论是富有还是贫穷，勤俭都是持家之本。"知道粮食得来不易，就不会浪费，懂得赚钱的不易，就会开源节流。从小养成勤俭节约习惯的人，长大后会懂得量力而行、未雨绸缪，会更早地成熟自立。"

　　（资料来源：根据《中国青年报》，2019年09月19日相关资料整理改写）

探讨分享

勤俭节约是一种传统美德，作为大学生的我们，要走在时代前列，弘扬勤俭节约精神，树立良好社会风气，将节俭意识转化为自觉的行为。

请以学习小组为单位将讨论结果进行分享。

（四）如何建立勤俭节约的消费观

随着生活水平的不断提高，大学生生活费节余也越来越多，许多学生为了满足自己对物质的欲望不顾家庭条件，采取过度消费的方式。学生错误的消费观不仅会给家庭带来一定的负担，而且会在学校中引发攀比行为，不利于学生思想价值观念的培养。树立正确的消费观不仅有利于提高学生的整体素质，而且对学生的全面发展有着重要而深远的影响。

大学生作为生态文明行为规范践行主体的前锋力量，通过开发校园文化隐形资源、建设素质教育实践基地、开展有用有趣多彩活动、开设消费教育系列课程、注重大众传媒正确导引等路径，使我们在追求舒适生活的同时，注重节约资源和能源，注重保护环境，以实现消费领域的可持续发展。当然，要建立勤俭节约的消费观，首先，要做到在保证日常生活开销的基础上，学会勤俭节约，提高物品的使用效率；其次，要学会控制住自己的购买欲望；再次，要努力提升自己的收入，正确的消费观也是建立在收入基础上的，收入高，内心会安静不会轻易攀比。

拓展阅读

联想到我国还有为数众多的困难群众，各种浪费现象的严重存在令人十分痛心。浪费之风务必狠刹！要加大宣传引导力度，大力弘扬中华民族勤俭节约的优秀传统，大力宣传节约光荣、浪费可耻的思想观念，努力使厉行节约、反对浪费在全社会蔚然成风。各级党政军机关、事业单位，各人民团体、国有企业，各级领导干部，都要率先垂范，严格执行公务接待制度，严格落实各项节约措施，坚决杜绝公款浪费现象。要采取针对性、操作性、指导性强的举措，加强监督检查，鼓励节约，整治浪费。

（资料来源：2013年01月17日习近平在新华社《网民呼吁遏制餐饮环节"舌尖上的浪费"》材料上的批示）

二、共建无烟校园

(一)大学校园吸烟情况现状及原因

在大学校园中不少同学已养成在课余时间吸烟的习惯。我们可以看到许多同学一到课间,便跑去厕所、走廊或者操场吸烟,甚至有的时候,吸烟过程中的闲聊也成为一种新的校园社交方式,不少同学因为想要融入这个群体,而开始接触烟草。而有的同学则因为考试压力过大、分手失恋伤感或者聚会时兴致所致在朋友的劝说下来一根。在大学生社交过程中,大学生的抽烟比例在不断扩大。

(二)吸烟的危害

大学校园是一个人流密度高、人员交往频繁的区域,一个人吸烟会直接影响到一个群体,"二手烟"的影响就会随着抽烟比例的扩大而增加。据统计,至少有83%的学生表示在课间或厕所内会接触到"二手烟",大部分的不抽烟者甚至半数以上的抽烟者都表示很反感"二手烟",所以说,吸烟会对同学造成很不好的影响。

与此同时,吸烟是人为引发火灾的重要原因之一。因吸烟发生的火灾屡见不鲜,烟头火种落地可导致房屋烧毁、实验室爆炸等,造成生命、财产各方面重大的损失,对校园环境带来了威胁。

当然,对于吸烟的危害,最直接的还是影响到大学生的身体健康。根据德国科学家的一项最新调查表明,吸烟的人睡眠时间比不吸烟的人要少,并且睡眠质量也较差,这对大学生的健康造成了较大的影响,不利于大学生养成积极向上的生活习惯。

案例阅读

大学校园火灾启示录

2019年11月某大学早晨6时10分左右,602室冒出浓烟,随后又蹿起火苗,屋内6名女生被惊醒,离门较近的2名女生拿起脸盆冲出门外到公共水房取水,另4名女生则留在房中灭火。然而,当取水的女生回来后,却发现寝室门打不开了。因为火场温度高,木制的寝室门被烧得变了形,被火场的气流牢牢吸住了。不一会儿,大火越烧越旺,4名穿着睡衣的女生被浓烟逼到阳台上。蹿起的火苗不断扑来,吓得她们惊声尖叫。隔壁宿舍女生见状,忙将蘸过水的湿毛巾从阳台上扔过去,想让被困者蒙住口鼻,争取营救时间。宿舍楼下,大批被紧急疏散的学生纷纷往楼上喊话,鼓励4名女生不要慌乱,等待消防队员前来救援。

第六章　上好校园劳动必修课

可是，在凶猛的火魔面前，4名女生逐渐失去了信心。又一团火苗蹿出后，一名女生的睡衣被烧着了，惊慌失措的她大叫一声，从6楼阳台跳下，摔在底层的水泥地上。看到同伴跳楼求生，另两名女生也等不及了，顾不得楼下男生们"不要跳，不要冲动"的提醒，也纵身一跃，消失在众人的视野中。3名同伴先后跳楼，让最后一名女生没了主意。她在阳台上来回转了好几圈后，决定翻出阳台跳到5楼逃生。可她刚拉住阳台外栏杆，还没找准跳下的位置，双臂已支撑不住，一头掉了下去。与此同时，滚滚浓烟灌进了隔壁601寝室，将屋内3名女生困在阳台上。所幸消防队员接警后及时赶到，强行踹开宿舍门，将女生们救了出来。经调查，此次火灾的发生是因602宿舍有同学在宿舍内吸烟，烟头未熄灭导致垃圾筐燃烧，进而造成了悲剧。

（资料来源：上海市闵行区防震减灾科普馆，2020年01月08日）

探讨分享

吸烟不仅危害人的身体健康，在大学校园里，烟头的不正确处理还存在极大的火灾隐患。请以小组为单位，组织开展吸烟危害的展报宣传，共建无烟校园。

（三）创建无烟校园的意义

吸烟是我国面临的一项公共卫生问题，也是高校存在的一项棘手的问题。有研究表明，我国青少年吸烟率和尝试吸烟率正在逐年上升并呈低龄化趋势。高校致力于创建无烟校园，使广大青年学生养成良好行为习惯，营造教书育人的清新校园环境，对建立健康向上的校园风尚，形成良好的校园氛围意义深远。

案例阅读

列车"无烟诉讼第一案"的破冰意义

因在普通旅客列车K1301上遭遇二手烟，大学生李晶（化名）将哈尔滨铁路局（后更名为中国铁路哈尔滨局集团有限公司）告上法庭，该案被称为国内公共场所无烟诉讼第一案。

25日下午，此案在北京铁路运输法院公开宣判，法院判令哈尔滨铁路局取消K1301次列车吸烟区标识及烟具。

此案宣判以后，有网友满怀欣喜地表示：这是大学生李晶个人的一小步，却是社会文明与进步的一大步，更是控烟工作的一大步。这位网友的评价，并非夸张之词，"无烟诉讼第一案"的宣判，确实具有多方面的价值和意义，将对未来的控烟工作，尤其是铁路运输的控烟工作，产生积极而深远的影响。这不但对于占据社会主流的非吸烟人士是一种莫大的欣慰，同时也是整个社会更加文明的体现。

当时的哈尔滨铁路局张贴在列车车厢内的安全须知中已经明确规定：禁止在列车各部位吸烟。这已经表明该趟列车属于"无烟列车"，是必须坚持全车禁烟的。但是让大学生李晶以及其他乘客难以理解的是，该趟列车又在车厢连接部位设置了专门的"吸烟区"，并且配备了烟灰盒、烟灰缸等方便吸烟的工具，以供烟民们吸烟。这种做法不但不合理，而且也和安全须知中的有关规定互相矛盾，实际上已经把"无烟列车"变成了"有烟列车"。

而从现实来看，该趟列车的做法，显然对整个列车的乘车环境带来了破坏，对大多数旅客的乘车体验、合法权益带来了侵害，因为烟草燃烧以后产生的烟雾会充斥整个车厢，让车厢内几乎每个人都成为"二手烟"的受害者。而"二手烟"会对人体健康带来损害，这是已经得到科学和医学证明的客观事实。在这样的事实面前，哈尔滨铁路局在法庭上的辩解，诸如禁设吸烟区可能会对其他乘客和列车公共安全带来更大危害等，就多少显得有些苍白无力。

而法院审理也认为，在列车内设置吸烟区，除了降低列车整体的空气质量，影响旅客的乘车环境之外，也与铁路安全管理条例的规定相悖，所以本着取消吸烟区、拆除烟具从而实现全车禁烟，有利于公共环境和公民健康的保护的原则，最终做出了哈尔滨铁路局败诉的判决，并且要求其取消吸烟区，遮蔽原来设置的吸烟标识等等。

因为女大学生李晶提起的这起诉讼，具有公益诉讼的性质，所以如网友之前所说，大学生李晶的个人一小步，是社会文明的一大步。有了"无烟诉讼第一案"的破冰意义，对所有高铁、动车甚至公路运输的客车都具有警示价值。那就是烟草越来越不受公众欢迎，控烟禁烟乃是大势所趋，潮流所在，为了避免自己吃官司，还是提前做好各种预防工作，让自己和乘客都远离烟草为好。

（资料来源：根据《北京青年报》，2019年06月26日相关资料整理改写）

探讨分享

吸烟不仅危害自身身体健康，而且会对社会产生不良的影响。

作为新时代大学生，谈一谈如何从自身做起，远离烟草危害、拒绝吸烟。

三、维护校园环境秩序

校园是同学和老师学习、工作的场所，优良的校园环境可以带给我们心旷神怡的感觉。而维护校园的环境秩序，营造一个文明、整洁的校园环境，需要每个同学的行动与努力。

（一）校园环境中的不和谐因素

高校校园的环境是校园文化建设的重要组成部分，在高校的校园环境文化建设之中起着举足轻重的作用，但在校园中你是否看到过以下不和谐因素？

1. 公共教室书本杂乱

在大学校园里，尤其是到考试周，我们会发现教室里的空座位被人用小纸条、书籍占据，同学们只能望着被"占座"的空座位徒呼奈何，整个教室也给人一种杂乱不堪的感觉。

2. 课桌桌面被乱涂乱画

校园里的几百个教室，上万个座位上，几乎每处都被留下了"足迹"，同学们上课惯性在桌面上涂画，使得校园教室桌椅"毁了容"。

3. 自行车摆放不整齐

随着校园智能自行车在校园中的普及和应用，使用校园自行车代步已经成为同学们日常生活的一部分，但是校园里却出现不在规定区域停放车辆的现象，严重破坏了校园环境。

4. 操场遗留垃圾瓶

操场作为学生休闲娱乐的主要场所，人员流动性较大，部分同学会将在操场产生的垃圾塞入排水口，甚至有的同学直接丢弃在操场上，严重破坏操场环境。

（二）维护校园环境的意义

中国共产党第十七次全国代表大会报告首次提出建设生态文明的要求，并将其写进党章，作为行动纲领。中共十八大报告将生态文明建设上升到国家战略高度，

并纳入中国特色社会主义事业"五位一体"总体布局,"美丽中国"成为中华民族追求的新目标。中共十九大报告强调"加快生态文明体制改革,建设美丽中国"。由此可见,建设生态文明已经成为我国社会发展的必然选择,而实现这一目标需要社会各个方面的努力。

校园环境建设是生态文明建设的基础,是教育建设中的重要组成部分,是育人的场所,是精神文明建设的窗口。良好的校园环境,会带给同学朝气蓬勃、生机盎然、赏心悦目的感觉,美丽和谐的校园环境是润物细无声的,催人上进的,能够陶冶情操、启迪心灵,直接影响到校园的文化氛围。

第二节 垃 圾 分 类

一、垃圾分类的意义

(一)垃圾分类的定义

垃圾分类,一般是指按一定规定或标准将垃圾分类储存、分类投放和分类搬运,从而转变成公共资源的一系列活动的总称。分类的目的是提高垃圾的资源价值和经济价值,力争物尽其用。进行垃圾分类收集可以减少垃圾处理量和处理设备,降低处理成本,减少土地资源的消耗,具有社会、经济、生态等几方面的效益。

(二)垃圾分类产生原因

每个人每天都会产生许多垃圾,在一些垃圾管理较好的地区,大部分垃圾会得到卫生填埋、焚烧、堆肥等无害化处理,而更多地方的垃圾则常常被简易堆放或填埋,导致臭气蔓延,并且污染土壤和地下水体。垃圾无害化处理的费用是非常高的,根据处理方式的不同,处理一吨垃圾的费用约为一百元至几百元不等。人们大量地消耗资源,大规模生产,大量地消费,又大量地生产着垃圾,后果将不堪设想。

(三)垃圾分类的好处及重要性

习近平总书记强调,实行垃圾分类,关系广大人民群众生活环境,关系节约使用资源,也是社会文明水平的一个重要体现。作为新时代的大学生,承载着国家的未来和民族的希望,是社会文明的示范者和引领者,因此做好垃圾分类,是每一位大学生应尽的责任与义务。

垃圾分类本身的目的既是为了变废为宝,也是为了让各类垃圾各归其位,这样

才能让我们的生活环境更加干净卫生，减少细菌滋生，守护健康。大学生做好垃圾分类，是卫生健康习惯的一种习得养成，在这一过程中大学生才能够更好地成长为文明个人。在此过程中，大学生需学习和践行垃圾分类，这样我们的校园才能因为做好了垃圾分类而更加文明。

二、垃圾分类标准

（一）我国垃圾分类进展

习近平总书记指出，推行垃圾分类，关键是要加强科学管理、形成长效机制、推动习惯养成。要加强引导、因地制宜、持续推进，把工作做细做实，持之以恒抓下去。

2016年12月，垃圾分类制度普遍推行。近年来，我国加速推行垃圾分类制度，全国垃圾分类工作由点到面，逐步启动，成效初显。46个重点城市先行先试，推进垃圾分类取得积极进展。2019年起，全国地级及以上城市全面启动生活垃圾分类工作，到2020年年底46个重点城市基本建成垃圾分类处理系统，预计2025年年底前全国地级及以上城市将基本建成垃圾分类处理系统。

（二）垃圾分类方法

随着人们生活质量的不断提高，垃圾成分也日趋复杂，合理准确地进行垃圾分类可极大限度地防止二次污染。根据国家标准，垃圾分类可分为可回收物、其他垃圾、厨余垃圾和有害垃圾四大类。

1. 可回收物

可回收物指适宜回收并可循环利用的资源，主要包括废纸、塑料、玻璃、金属和布料五大类。

废纸：主要包括报纸、期刊、图书、各种包装纸等。

塑料：各种塑料袋、塑料泡沫、塑料包装（快递包装纸是其他垃圾/干垃圾）、一次性塑料餐盒餐具、硬塑料、塑料牙刷、塑料杯子、矿泉水瓶等。

玻璃：主要包括各种玻璃瓶、碎玻璃片、暖瓶等。

金属物：主要包括易拉罐、罐头盒等。

布料：主要包括废弃衣服、桌布、洗脸巾、书包、鞋等。

2. 其他垃圾

其他垃圾（上海称干垃圾）包括除上述几类垃圾之外的砖瓦陶瓷、渣土、卫生间

废纸、纸巾等难以回收的废弃物及尘土、食品袋。

3. 厨余垃圾

厨余垃圾（上海称湿垃圾）包括剩菜剩饭、骨头、菜根菜叶、果皮等食品类废物。经生物技术就地处理堆肥，每吨可生产0.6～0.7吨有机肥料。

4. 有害垃圾

有害垃圾含有对人体健康有害的重金属、有毒的物质或者对环境造成现实危害或者潜在危害的废弃物。包括电池、荧光灯管、灯泡、水银温度计、油漆桶、部分家电、过期药品及其容器、过期化妆品等。这些垃圾一般使用单独回收或填埋处理。

拓展阅读

垃圾分类词典

当魔都人民被垃圾分类搞得抓狂崩溃的时候，看热闹的帝都小伙伴们估计也马上就要收起笑容了。因为，北京版的"你是什么垃圾"也快要来了！

红绿蓝灰要牢记北京的垃圾分类标准，也是目前我国对生活垃圾的一般分类标准，采用四分法，即可回收物、有害垃圾、厨余垃圾和其他垃圾，其对应的垃圾桶颜色分别为蓝色、红色、绿色和灰色。

可回收物（蓝色桶）又称资源类垃圾，也就是俗称的废品和破烂。主要包括废纸、金属、塑料制品、玻璃等，其特征是可循环利用的。常见的可回收垃圾有报纸、塑料瓶、易拉罐、玻璃瓶、旧衣服、旧玩具、电子废弃物等。

有害垃圾（红色桶）是指对身体和环境有害的垃圾，包括含有重金属的充电电池，废荧光灯管，废温度计，废血压计，废药品，废油漆等。有害垃圾一般需要定点回收，专人维护，产生量也比较低。常见的有过期药品、废温度计、蓄电池、荧光灯等。

厨余垃圾（绿色桶）一般指可生物降解的有机垃圾，简单说就是产生的垃圾，如瓜果蔬菜和各类食品、食物的剩余物等。北京的厨余垃圾大体就是上海的"湿垃圾"。从经验来看，厨余垃圾产量是四种垃圾中最多的，常见的厨余垃圾有剩饭剩菜、鸡鱼骨头、植物、过期食品、瓜果皮等。

> 其他垃圾(灰色桶)原则上不属于上述三类以及上述三类未能分出的都可以纳入其中。常见的有塑料袋、保鲜膜、砖头瓦块、一次性筷子、陶瓷碎片、大骨头、厕纸、尿不湿等。哪些分类是高频"错题"？其实北京和上海的垃圾分类大同小异，只是叫法不同而已。上海的湿垃圾相当于北京的厨余垃圾，干垃圾相当于其他垃圾。只不过上海对于干、湿垃圾的叫法容易让人产生误解。按照上海的标准，湿毛巾是湿的，但要算干垃圾；而干花生壳是干的，但属于湿垃圾……如此种种，所以才会让百姓发出"你是什么垃圾？"的灵魂拷问！其实际分类中，对于有些垃圾的分类可能是高频的"错题"，很容易投错垃圾桶。例如，纸是可回收的，但弄脏的纸，如厕纸和卫生纸就属于其他垃圾。多数的塑料品都是可回收的，但湿垃圾袋和塑料薄膜也属于其他垃圾。骨头属于厨余垃圾，但是不易粉碎的大骨头在北京就属于其他垃圾，在上海就是干垃圾。大多数电池，包括纽扣电池和电子产品的锂电池以及电动车蓄电池都属于有害垃圾，应该投入红色垃圾桶，但是现行标准下生产的1号、5号、7号干电池已经是低汞或者无汞电池，已不是有害垃圾了，属于"其他垃圾"类别，应投放到灰色的垃圾桶里。
>
> （资料来源：中国城市建设研究院有限公司总工程师徐海云在"厨余垃圾分类及处理技术交流与装备展示会"上的发言）

（三）垃圾分类标识识记

垃圾分类是环保的第一步，如何将垃圾进行正确分类？让我们一起认识垃圾分类标识。

1. 可回收物

可回收垃圾图标（见图 6-1）是一个循环的三角形箭头，简单明了。

图 6-1 可回收物图标

2. 有害垃圾

有害垃圾标识(见图 6-2)上面像一颗单叶的小苗,下面是一个很明显的叉。

图 6-2 有害垃圾图标

3. 厨余垃圾

厨余垃圾图标(见图 6-3)由一个果核、一根鱼刺以及半个鸡蛋壳组成,很容易辨别。

4. 其他垃圾

其他垃圾，也是不可回收垃圾，其图标也是一个三角形，不过只有两个箭头，而且箭头朝下（见图 6-4）。

图 6-3　厨余垃圾图标

图 6-4　其他垃圾图标

三、高校垃圾分类

（一）高校生活垃圾的概念

高校生活垃圾主要是指日常生活和学习过程中产生的废品，包括塑料制品、纸质包装、印刷制品、金属制品及瓜果皮剩饭菜等，覆盖区域为寝室、教学楼、图书馆、实验楼及公共活动区等。总的来看，教学区所产生的垃圾主要以废纸为主；食堂主要是餐饮垃圾，包括塑料、食物等；宿舍区垃圾比较杂乱，主要为食品包装、瓜果皮等。

（二）高校垃圾分类的现状

实行校园垃圾分类，可以美化校园、改善环境，是一件有利于学生成长的事情。然而，目前很多高校垃圾分类普遍存在没有分类垃圾桶、学生垃圾分类意识未建立、分类垃圾被二次混合等问题。校园垃圾混合收集前均未经过垃圾分类处理，导致苍蝇、蚊子、老鼠的滋生。在垃圾的处理过程中，混杂着各种有害物质的垃圾被填埋，既占用了土地，又使得垃圾中多种污染成分长期留存，在一定条件下发生化学反应或生物转化，通过水资源、空气等介质污染大气环境，影响人体健康。

(三)高校垃圾分类的意义

校园开展垃圾分类，把垃圾当成资源，把有毒物质单独进行资源化处理，不仅可以节省大量填埋占地、避免污染，还能在按类别回收资源、保护资源和环境的同时，让学生了解垃圾分类知识，养成垃圾分类习惯，形成环保意识，对校园环境的美化和治理更是有着深远的意义。

名人名言

劳动可以使我们摆脱三大灾祸：寂寞、恶习、贫困。

——歌德

第三节 勤 工 助 学

一、勤工助学概述

1. 勤工助学的概念

勤工助学是指学生在学校的组织下利用课余时间，通过劳动取得合法报酬，用于改善学习和生活条件的社会实践活动。勤工助学是新时代学校学生资助工作的重要组成部分，是提高学生综合素质和资助家庭经济困难学生的有效途径。

2. 勤工助学的发展

在很长的一段时间内，国内用勤工俭学的称谓来代替勤工助学，这个名称来源于"留法学生俭学会"。勤工助学一词最早由复旦大学在1984年提出，旨在通过这样的活动，促进学生将知识在实践中利用，进而提升自身的专业素养、自立能力，帮助学生进行全方位发展。从20世纪90年代至今，国家先后发布了关于勤工助学相关的多项政策和文件，先在高校日常工作中设立勤工助学项目，又明确了高校在勤工助学管理制度、经费来源和应用、助学基金设立和管理方面的有关规定，逐步强化了勤工助学工作在高校学生工作体系中的作用、地位和价值。勤工助学很好地帮助了家庭经济困难的学生顺利完成学业。

留法勤工俭学运动

2019年是留法勤工俭学运动100周年。100年前的1919年初到1920年底，近2000名中国进步青年远赴法国，"勤于做工、俭以求学"，胸怀救国梦的中国青年远渡重洋，一边做工，一边学习新知识、新思想。他们在此研究工人运动、社会主义思潮和马克思主义，并从这里起步，走上革命道路，开始振兴中华的伟大历程。他们当中有些对新中国成立居功至伟，比如周恩来、邓小平、蔡和森、陈毅、聂荣臻等；有些成为新中国科学技术、文化艺术等领域的杰出人才，比如钱三强、严济慈、童第周、徐悲鸿、林风眠等，对中国的社会革命与发展产生了重大深远的影响作用。

五四运动时期，经过新文化运动的洗礼和反帝爱国斗争的影响，中国青年为寻求救国救民的知识和真理，大批赴法国留学。由于自费留学费用很高，除极少一部分官派的留学生外，绝大多数中国学子都半工半读，在法国的工厂中和法国工人、华工等一起劳作，获得了法国舆论界的赞誉。1912年，以"输世界文明于国内"为宗旨，李石曾、吴玉章、吴稚晖、张继等在北京发起组织"留法俭学会"。当时任教育总长的蔡元培力赞此事。俭学会在北京成立留法预备学校，送80多人赴法俭学，1914年受袁世凯政府的阻止，被迫停办。以后保定人李石曾在巴黎华工中试验工余求学，1915年发起组织留法勤工俭学会，1916年3月，在巴黎成立华工学校，为留法勤工俭学运动创造了条件。

1919—1920年间，先后共20批约1600多人到达法国。他们来自全国18个省，其中以四川(378人)、湖南(346人)、河北(147人)为最多。留学生基本上都是16～30岁的青年。其中，较为知名的人士有湖南教育界著名的徐特立、蔡和森、蔡畅和他们的母亲葛健豪一家，王若飞和贵州教育界知名的黄齐生甥舅等。他们到法国后，有的先工后学，有的先学后工，有的边工边读，绝大多数都加入了"留法勤工俭学会"，互帮互助。根据一份当时的调查数据，共有400—500名中国留学生，在三年的学习期间，进入了70多家工厂做工。除此之外，不少于200名的留学生还在平时当散工、干杂活。这其中，约有670人进入巴黎及法国各地的30多个学校，其中多是首先补习法文，然后进入工业实习学校及其他学校学习。暂时没有工作，处于候工状态的留学生只靠"留法勤工俭学会"发放的微薄的维持费度日，生活极为艰苦。中国留学生在进入工厂后完全以普通劳动者的姿态和法国工人或华工一起劳动。

> 每天 8 小时工作后还补习法文或学习工艺。他们的勤奋吃苦让法国工人、学生和友好人士对他们表现出了普遍的欢迎和关切，同时也让留学生们广泛地接触了资本主义社会生活的实际。有些青年则着重锻炼自己，考察资本主义社会，接触工人群众，研究工人运动、研究社会主义思潮和马克思主义。
>
> （资料来源：根据人民网，2019 年 03 月 26 日有关资料整理改写）

3. 勤工助学的特点与方式

勤工助学主要为困难生服务。校园内勤工助学岗位是有限的，因此，只能照顾部分经济特别困难的学生参与。勤工助学是业余性的。学生在开展勤工助学活动时，应坚持课余的原则，以搞好学习为前提，放弃学业必然会得不偿失、本末倒置。勤工助学是有偿服务。勤工助学需具有一定的经济效益，学生依靠自己的知识、技能和辛勤劳动获得相应报酬。

二、勤工助学的意义

1. 树立自立自强和团队合作精神

高校开展勤工助学工作能够使贫困生收入水平得到提升，有效解决经济匮乏的问题，同时学生在参加勤工助学活动的整个过程中，学生经常需要与他人合作完成项目任务。通过劳动获得报酬，可以对学生自立自强和团队合作精神进行有效培养。

2. 提升人际交往和组织管理能力

高校勤工助学工作往往具有与社会较为相似的工作环境，需要与不同性格的老师、同学进行交流，有机会在管理岗位上进行适当自我锻炼，提前体验职场的氛围，帮助其扩大交际圈，为保持和谐、稳定的人际交往关系做好充分的准备，帮助其提升人际交往和组织管理能力。

3. 促进心理状态的健康

从心理角度分析，部分贫困生会存在一定自卑、内向等方面的问题，长期生活在此种环境下，很容易造成抑郁、焦虑等问题。如果能够为他们创造勤工助学机会，则可以在解决经济问题的同时，帮助其全面培养自信心，使其能够积极地面对生活中的困难，找到合适的人际交往方式，主动参与，在人际关系的沟通过程中，为实现相关发展目标做好充分准备。

4. 加速综合素质的提升

高校勤工助学岗位是大学生正式走入社会之前的实践基地，大学生参加相关活

动可以对自身品格进行锻炼，对意志力加以磨练，使其理解成长及生活的不易，尽全力将自身在正式走入社会之前向着全面性方向发展，从小事做起，逐步提高综合素质水平，为成为社会主义的合格接班人打下坚实基础。

> **案例阅读**
>
> ### 邓小平的法兰西岁月
>
> 　　1920年前，年仅16岁的邓小平远赴法国勤工俭学、寻求科学知识和救国真理，从此走上漫长革命征程。南部港口马赛到北部小城巴约，从中部城市蒙塔日到首都巴黎，当年的留学足迹述说着邓小平波澜壮阔一生与这个欧陆之国的不解之缘。
>
> #### 辗转抵达短暂留宿
>
> 　　1920年8月27日，刚满16岁的邓小平作为四川重庆勤工俭学留法预备学校毕业学生离开故乡，踏上前往法兰西的旅程。9月11日，他和同学们一起在上海码头登上法国邮轮开始远航。海上颠簸39个昼夜后，这批中华学子终于在10月19日抵达法国南部港口城市马赛，成为当地一桩不小的新闻。
>
> 　　由于法国当时只有北部小城巴约中学这一家寄宿中学能够接待不会法文的外国学生，邓小平等人没有在马赛过多停留，而是继续长途跋涉近千公里、由南向北几乎贯穿法国来到巴约。档案显示，邓小平同其他中国学生同年10月22日正式在巴约中学注册，邓小平在巴约市政府的居住登记号是140，登记名为他的学名邓希贤。
>
> #### 半工半读体味艰辛
>
> 　　邓小平等人辗转来到了东部勃艮第地区小城克勒佐，进入施奈德工厂做工，从事轧钢工作，任务繁重劳累且报酬很低，据说每天工资只有6.6个法郎，不仅难以承担学费，就连吃饱饭都不容易。不久，他辞去工作，经人介绍前往中部城市蒙塔日寻求新出路。
>
> 　　在蒙塔日，邓小平就读的男子中学就在市中心，如今已不存在，但学校建筑却保存下来，改建成为蒙塔日市政厅。据说市政厅二楼就是当年邓小平等中国学生居住过的宿舍。

1999年，中法曾经联合举办了中国留法学生勤工俭学展览。当时的展览显示，邓小平在蒙塔日市勤工俭学时经常付不起学费，大部分时间都要到这座城市以北的哈金森橡胶厂做工。如今，这座橡胶厂已经改为汽车配件工厂，当时的工棚也改建成当地驻军的兵营。

结识战友加入革命

在蒙塔日逗留期间，邓小平结识了王若飞、郑超麟等革命青年，开始阅读一些进步书籍。年轻的邓小平体验到生活的艰辛，也了解到工人所受的残酷剥削，他与一批先进的中国留学生在俄国十月社会主义革命影响下，先后接受了马克思主义，从而走上了革命道路。

邓小平之后来到巴黎，正是在巴黎期间，邓小平与周恩来相遇，开始了共同的革命活动生涯。1923年夏天，邓小平进入青年团领导机关，担任《赤光》杂志编辑，直接受周恩来领导。邓小平负责刊物的刻板油印工作，由于他工作认真负责，大家夸奖他是位"油印博士"。次年7月，周恩来调回国内，时年20岁的邓小平在旅欧社会主义青年团第五次代表大会上当选执行委员，不久转为中国共产党党员。

昔时监视对象来日国之上宾

从事革命活动的邓小平很快引起法国警方的注意。从1925年6月起，法国警察局的档案中便开始出现邓小平的名字，他活动的地点和住过的旅馆成为警察重点监视的地方。

1926年1月8日，警方终于发出了搜捕邓小平等人的命令。不过，执行命令的人扑了空。邓小平等同志得到风声后已于一天前登上了前往莫斯科的列车。

邓小平再次踏上法兰西土地，时间已过去近半个世纪。这一次，这位昔日法国警方搜捕的对象已经成为受到最高礼遇的国宾。1975年5月，邓小平以中国国务院第一副总理的身份访问法国，但法国方面却给予了相当于国家最高领导人的外交礼遇，由时任法国总理雅克·希拉克前往机场接机，总统瓦莱里·吉斯卡尔·德斯坦亲自主持欢迎宴会，并安排邓小平下榻只有国家元首正式访问才能住进的马里尼国宾馆。

（资料来源：根据光明网，2014年09月16日有关资料整理改写）

三、高校勤工助学岗位设置

1. 岗位设置原则

学校应积极开发校内资源，保证学生参与勤工助学的需要。校内勤工助学岗位设置应以校内教学助理、科研助理、行政管理助理和学校公共服务等为主。

勤工助学岗位既要满足学生需求，又要保证学生不因参加勤工助学而影响学习。学生参加勤工助学的时间原则上每周不超过 8 小时，每月不超过 40 小时。寒暑假勤工助学时间可根据学校的具体情况适当延长。

2. 岗位类型

勤工助学岗位分固定岗位和临时岗位。固定岗位是指持续一个学期以上的长期性岗位和寒暑假期间的连续性岗位；临时岗位是指不具有长期性，通过一次或几次勤工助学活动即完成任务的工作岗位。

3. 岗位管理

学校要引导和组织学生积极参加勤工助学活动，同时指导和监督学生的勤工助学活动。组织学生开展必要的勤工助学岗前培训和安全教育，维护勤工助学学生的合法权益；安排勤工助学岗位，应优先考虑家庭经济困难的学生；对少数民族学生从事勤工助学活动，应尊重其风俗习惯；不得组织学生参加有毒、有害和危险的生产作业以及超过学生身体承受能力、有碍学生身心健康的劳动。

名人名言

人的生命是有限的，可是，为人民服务是无限的，我要把有限的生命投入到无限的为人民服务中去。

——雷锋

第四节 实 习 实 训

一、实习实训的概念及其模式

(一)实习实训的概念

在《职业学校学生实习管理规定》中对实习的定义为:"由职业学校安排或者经职业学校批准自行到企(事)业等单位进行专业技能培养的实践性教育教学活动,包括认识实习、跟岗实习和顶岗实习等形式。"实训主要指在学校控制状态下,按照人才培养的目标,对学生进行职业能力训练的教学过程。实训的目的主要在于在实训环境下将学生的实操能力在理论的引导下锻炼并培养出来。实训是培养高技能型人才的关键教学环节,是对学生进行专业岗位技术技能培训与鉴定的重要的实践教学形式之一。实训的最终目的是全面提高学生的职业素质,最终达到学生满意就业、企业满意用人的目的。

(二)国内院校实习实训的模式

1. 校内实习实训培养模式

学校根据课程培养目标、专业大纲计划,制定出实训课程要求。学生在所学专业内必须掌握多门课程知识,掌握多种技术技能,能够在特定的时间内进行装调、维修、做出成品等。学生通晓多方面的知识和技能,以后面对多种岗位需求能够短时间培训技能上岗,能力强的学生还能成为企业技术骨干。但在校实训也有局限性,对学生来说模拟的实训和真实的实习有不同的感受。

2. 订单式培养模式

许多企业处于用工的迫切和需求量,也为了省却培训员工的时间和场地,和学校进行订单式培养。学校按照企业用工的标准对学生进行理论和实践技能的培训,针对性和专业性非常强,学生按照标准完成课业后能够直接上岗进行实际工作。此模式需要学生和企业签订合同,即毕业后必须在企业工作几年,企业也会给在校的优秀学生颁发奖学金甚至学费,以此期望优秀的学生毕业成为企业员工。

3. 合作式培养模式

企业需要新鲜力量的注入,需要研发新产品、新技术、新设计,对技术工人的要求是年轻、有活力、肯学习、有冲劲,不会被习惯性、依赖性所影响。学校也需

要企业来给学生进行毕业设计、毕业实习等提供岗位、提供机会，为学生的毕业增加砝码。合作式培养满足了企业、学校、学生三方面的需求，是很好的培养模式。

4. 企业实训模式

企业实训一般安排学生毕业前半年到一年的时间，学生在企业实习，巩固自己的理论知识，锻炼自己的技能，在企业了解企业的产品、对员工的要求、企业的文化以及在企业工作升职的一些条件和福利，对自己将来的职业规划有初步的想法，并且能够在企业环境里转变自己的身份。企业也需要吸收新鲜力量提高自己的技术线水准，吸纳创新力量的融入。企业接纳学生，展示自己的企业内涵也是一种向社会宣传自己的方式。

5. 工学交替模式

这种模式是学生在校学习——企业锻炼——回到学校学习，一般安排在学生毕业前两年。在企业实训期间学生是双重身份，既是学生又是职员。在企业的时候，学生把自己所学的知识和技能应用于实际岗位，在企业期间他们可以学到很多学校学不到的东西，也可以把自己一些新的东西带入企业。当他们再次回到学校，思想会发生一些转变，会让自己更加有紧迫感。

6. 自主创业模式

自主创业一般是学生毕业前半年到毕业后一年学生自己进行的创业。职业学校在校面对学生都有 SYB、SIYB 等创业培训，给学生进行创业目的、创业准备、创业计划等全方位的培训，让那些有创造精神和有资金支持的学生能够自主创业。

二、新时代高校大学生参与实习实训主要途径

1. 科研院所实习实训

部分学校会组织学生赴合作单位、科研院所开展短期实习，在院所导师、研究生的指导下，聆听院士、学者所做的科普报告、院所介绍，参观实验室，参加组会，协助处理研究所日常工作。该类实习的特点是时间短，组织难度相对较小，适合低年级本科生，易于较大规模实施。

> **拓展阅读**

> **2019年中国科学院——香港青年实习计划**
>
> 　　由香港特别行政区政府和中国科学院联合举办的"中国科学院——香港青年实习计划"始于2018年，2019年是第二届。中国科学院自动化所、计算所、软件所、微生物所、数学院和物理所组建了一支由40名科研人员组成的导师队伍，指导香港大学生参与了人工智能、数学、物理、生命科学等领域的17个课题研究与实践。
>
> 　　实习过程中，香港大学生深入实验室，开展动手实践，在导师团队的悉心指导下完成了多项成果。例如，有的同学利用多模态磁共振成像数据，完成了不同脑区和全脑尺寸的个体化的脑图谱绘制；有的利用深度学习构建了人机对抗的智力游戏；有的在实验中摸索研究方法及手段，寻找新的超导材料等。
>
> 　　香港大学生代表孙沚扬表示，在国家顶级科研机构的实习令他受益匪浅，不仅开拓了眼界，而且提高了专业技能，自己将认真总结学到的知识与经验，应用到未来的学习与工作中。
>
> 　　中国科学院副秘书长高鸿钧说，当前国家的科技发展已经进入新时期，重大创新成果不断涌现，青年人扮演的角色也更加重要。通过在国家最高科学殿堂的实习，香港大学生有机会接触前沿科创成果，聆听著名科学家的教导，有助于充实知识储备，激发创新的动力与自信，并为香港与内地的科技合作搭建桥梁。
>
> （资料来源：根据新华网，2019年07月23日相关资料整理改写）

2. 企业公司实习实训

　　为增强对大学生实践能力、创新精神和社会责任感的培养，学校通常会组织大学生到企业公司进行短期实习实训，一般实习期为一个月以内，主要目的为深化课堂教学，让学生了解社会、接触生产实际，获取、掌握生产现场相关知识。同时目前很多企业会招聘实习岗位，大学生可利用假期、周末等空闲时间参与申请到企业实习加以锻炼提升自己。

3. 创新创业实习实训

　　近年来，国家为支持大学生创新创业出台了一系列的政策措施，但是大学生在创业过程中最缺乏的不是资金，而是知识和技能，只有具备一定的能力才有成功的可能。目前很多高校设立创新创业实训中心，开设创新创业课程，以引领、扶持大学生创新创业为核心。通过组织大学生参加创业大赛、项目模拟等方式增强学生的

认知感和创业意识，对大学生创新创业能力进行培养。

> **案例阅读**
>
> **钱立权：90后"设计男"的文艺创业之路**
>
> 　　钱立权的创业路是从免费开始的。大一时，他通过为学院、社团设计集体服装发现了商机。尽管这一过程并没有赚到钱，但是他得到了大家的认可，于是他开启了自己的"文创"之路。
>
> 　　2016年钱立权毕业于湖北工业大学，获艺术学学士学位，同年考入该校艺术设计专业硕士在读。
>
> 　　在校期间，钱立权带领团队先后获得"第三届教育部互联网＋创新创业大赛银奖"，武汉市"2017高创之星十强""国台办海峡两岸创新创业邀请赛三等奖"等荣誉。他个人已是武汉文化创新产业促进会会员，湖北省收藏家协会会员，武汉雅格创意文化传播有限公司、武汉雅格时代科技有限公司、湖北中豪广告有限公司等三家公司执行董事。
>
> 　　他创办的武汉雅格创意文化传播有限公司是一家涵盖文创产品开发、线上教育网校＋线下门店、创意设计三大板块为一体的综合型文化创意公司。公司先后参与了二十余家上市公司、政府开发区的文创产品研发与旅游形象规划设计，并对口联系嘉禾装饰等业内知名设计公司。另外，公司帮助近千名大学生走上工作岗位，并带动身边有创业理想的同学创业。
>
> 　　经过几年发展，钱立权的公司逐渐有了知名度。2017年8月，一家文创产品生产企业慕名而来，想让钱立权团队结合陕北南泥湾红色文化，设计一套文创产品。钱立权前后易稿10多次，还多次前往陕北考察，经过4个多月反复沟通，摆件、书签、雕塑等一套24件产品最终出炉。
>
> 　　钱立权介绍，他创办的公司不仅兼顾了文创产品设计与销售，还致力于设计类的教育培训。前不久，他们开发的一套培训软件，取得了8项国家软件著作权。
>
> 　　在钱立权看来，21世纪是一个最好的时代也是一个最坏的时代。信息过于扁平化对知识提出更高要求，很多传统行业都将被人工智能取代，这也对创业者的技术性、科学性提出更高要求。"我们创业之前一定要好好地准备。现在的人们只会注意阳光灿烂下的花枝招展，很少会注意狂风暴雨后的残枝碎叶。所以一定要对一个行业了解三年以上再去创业，不要盲目创业。"他说。
>
> （资料来源：根据《中国青年报》，2018年05月相关资料整理改写）

4. 政府部门、事业单位见习

为促进就业，增强大学生实践能力，各地市政府机关、事业单位通常在暑期、寒假组织大学生参加见习活动。使大学生通过实践学习，使理论知识在实践中得到验证，培养灵活运用知识的能力，增加社会接触，扩充知识面，为毕业后顺利融入社会打下坚实基础。

> **拓展阅读**
>
> **2019年共青团中央全国大学生实习"扬帆计划"**
>
> 近日，共青团中央印发《关于进一步做好服务大学生就业工作深入开展全国大学生实习"扬帆计划"的通知》（以下简称《通知》）。《通知》提出，按照《中长期青年发展规划（2016—2025年）》有关要求，共青团将发挥组织优势和育人功能，整合各级党政机关、企事业单位资源，为大学生提供实习岗位，帮助大学生在实习实践中深入了解国情社情，树立正确就业观，储备就业工作经验，为就业做好积极准备，实现更高质量和更加充分的就业。
>
> 据了解，"扬帆计划"分为政务实习、企业实习两部分内容，将分级、分层次组织实施开展。团中央将协调中央和国家机关、部分大型国有企业、大型知名民营企业，在全国范围为在校大学生提供实习岗位，同时组织开展中央和国家机关实习工作。各省级团委将协调省直机关和本地企业，为区域内在校大学生提供实习岗位，同时组织开展本地实习工作。"计划"还将开展职场体验系列活动，组织在校大学生走进大型知名企业，通过访问交流、高管分享、模拟面试等感受真实职场生活。
>
> 据悉，"扬帆计划"将于每年的7—8月份集中开展，在校大学生可向所在学校团组织了解情况、报名参加。
>
> （资料来源：根据《经济日报》，2019年04月相关资料整理改写）

5. 海外研修实习实训

有条件的高校和海外合作院校或者海外知名企业签订合作项目，定期选拔一定数量的学生到海外进行短期实习实训，一方面了解、学习国外先进知识和技术；一方面让学生了解海外文化，提升综合素质，提升就业竞争力。

实践活动

绿色校园，从我做起

进入21世纪以来，全球气候变暖、生存环境日益恶化，严重威胁着人类的健康与生存。遏制气候变暖，发展绿色低碳经济，是全人类共同的使命。为了你、为了我、为了他，也为了我们赖以生存的地球大家庭，更为了明天的美好生活，全国各高校的学生理应率先身体力行倡导绿色低碳生活、共建绿色校园。

请围绕"低碳生活"制订一个"绿色校园，从我做起"的个人计划，并在生活中执行该计划。

【过程记录】

计划要点：_____

计划思路：_____

计划可行性评估：_____

计划实施要点：_____

【结果评价】

教师可参考表6-1对学生制订的个人计划进行评价。

表6-1 "绿色校园，从我做起"的个人计划评价表

评价标准	分值	分数小计	教师评价
计划完整	30分		
计划切实可行	20分		
计划有层次，目标有阶梯	20分		
计划有反馈提升机制	10分		
计划可评测	10分		
计划有奖励机制	10分		

"青春有我志愿同行"志愿服务活动

一、活动主题

青春有我，志愿同行。

二、活动宗旨

通过主题实践活动，让同学们加深对志愿服务的认识，传承雷锋精神，引导大

学生倡导社会新风、奉献自我、回报社会,在实践中锻炼自我、自学成才,塑造大学生勇于实践,无私奉献的精神。

三、活动时间

每年三月份到四月份。

四、活动主体

在校学生。

五、活动实施

1. 环境保护:组织一次保护环境的志愿服务活动。

结合自身专业,发挥专业优势,主要在社区组织一次环境保护知识宣传活动。让社区群众,尤其是孩子,提高环保意识,增强社区群众对环保的重视,同时为社区环境保护做出一份微薄贡献。此外,结合雷锋纪念日,志愿者学习雷锋精神,同步开展帮助社区关爱空巢老人等服务社区的活动。

2. 实践调研:组织进行一次志愿服务调研。

借助微博、微信朋友圈、QQ 空间、企业微信等平台发起一次志愿服务调研,撰写报告,分享自己在调研中的所思所想所感,并为促进志愿服务的发展提出自己的建议。

3. 榜样力量:寻找新时代志愿服务的典型。

寻找新时代下志愿服务的先进典型,可以是自己身边的同学,也可以是国家宣传的志愿者模范,整理其事迹,在志愿服务实践活动后开展探讨交流,共同学习。

思考与练习

1. 作为新时代的大学生,你是如何理解低碳生活的呢?
2. 在日常的学习生活中,你能否真正做到低碳呢?
3. 你是否见过校园中有以下浪费现象?你是否也曾参与其中?
  (1)洗手间的水龙头滴滴答答无人问津。
  (2)学生宿舍没有人,灯还一直亮着。
  (3)食堂餐桌上没怎么动的餐盘、未吃一口的包子。
  (4)打印纸张只用单面便丢弃。
  (5)一次性筷子、餐盒堆积在垃圾箱里。
  (6)笔芯没用完就丢弃。
4. 勤工助学对大学生个人发展有哪些促进作用?
5. 如何正确认识大学生志愿服务?
6. 新时代下大学生应如何积极参与到志愿服务当中去?
7. 新时代大学生实习实训的途径包括哪些?并结合自身实习经历谈谈实习对自己的帮助。
8. 调查了解你身边参与志愿服务的典范,并举例分析。

第七章

充实职业体验技能

学习导读

在2019年8月于俄罗斯喀山举行的第45届世界技能大赛中，中国代表团派出63人参加了全部项目的比赛，共获得16枚金牌、14枚银牌、5枚铜牌和17个优胜奖，荣登金牌榜、奖牌榜、团体总分第一，向世界展示了中国工人的高技能、高素质。

7月15日是世界青年技能日。在新一轮产业革命背景下，厚植技能人才沃土，让技能魅力"圈粉"，让技能青年"发光"，是我国实现制造大国到制造强国伟大跨越的关键一环。

习近平总书记指出，"工业强国都是技师技工的大国，我们要有很强的技术工人队伍"。党的十八大以来，我国技能人才工作取得积极进展，各项政策措施不断完善，工匠精神逐渐深入人心。新时代，要让"蓝领"变"金领"，就要"尊其位、重其禄、显其名"，让青春在卓绝的技能中闪闪发光。

劳动技能是指岗位在生产过程中对劳动者素质方面的要求，主要反应岗位对劳动者智能要求的程度。劳动最光荣，技能更可贵。技能人才是社会物质财富的直接创造者和技术技能创新的直接推动者。

第一节 手 工 制 作

手工制作是一种具有复杂结构的创造活动，从材料的选择到制作方法、步骤的确定，从动手制作到不断修改和完善的全过程，都充满了创造精神、形象思维和逻辑思维的交融，使得其在素质培养上有着独特的优势，有其他学科无法替代的作用。手工技艺分为传统手工技艺和现代手工技艺两种。

一、传统手工技艺

传统手工技艺是我国传统文化的一个重要组成部分，是指以手工劳动进行制作的具有独特艺术风格的工艺美术，它有别于以大工业机械化方式批量生产规格化日用工艺品的工艺美术。手工艺术品的种类繁多，包括宋锦、手工刺绣、蜡染、泥塑、剪纸和草编等。由于各地区、各民族的社会历史、审美观点的不同，所以各地的手工艺术品具有不同的风格特色。

比较著名的传统手工艺术品及其代表地区见表7-1。

表7-1 传统手工艺术品及其代表地区

手工艺品	苏绣	铁画	剪纸	竹编	石雕	泥人张	瓷器	珊瑚制品	地毯	草编
地区	苏州	芜湖	山西	惠安	大理	天津	景德镇	海南	新疆	青岛

手工艺术品是一种创意打扮人们生活的文化，是一种满足人的物质及精神生活需要的造物艺术。随着现代生活的发展，传统手工技艺逐渐开始了没落，从20世纪六七十年代起，西方一些国家就开始了范围广泛的"手工艺复兴运动"。虽然手工艺的复兴作为文化上的一种思潮，不可能从根本上改变社会生产的大趋势，但却充分肯定了手工艺术品在人们生活中的地位和作用，启发着人们进一步思考如何避免工业化对社会文化环境带来的危害。

探讨分享

想一想，传统手工技艺作为非物质文化遗产的价值是什么？

第七章　充实职业体验技能

劳动技巧

纸灯笼

工具/材料：

卡纸、美工刀、直尺、铅笔、双面胶、线绳。

操作步骤：

(1)将卡纸裁剪好，将裁剪好的卡纸微微折成曲面(成拱状)；

(2)用铅笔在卡纸的长方形区域(长方形区域与卡纸四周留出一定区域)内画相等距离的竖线；

(3)用美工刀将卡纸沿着竖线裁剪；

(4)将裁好的卡纸首尾相连，围成桶状；

(5)将挂绳拴在围好的卡纸上，在桶状卡纸下添加纸质流苏即可。

知识链接

传统手工技艺过去的延续方式

1. 家族继承

在中国的传统文化中，家族一直占据重要地位，"齐家、治国、平天下"即可见家族共同体精神。这也就造成了在传统手工艺的传承中，大多子继父业，实为血缘关系的传承，致使手工技艺仅在家族内传播。这种方式在技艺传授过程中，受到各种外在因素的干扰少，关键部分传承完整度高，可以较好地保存某项手工技艺。但因缺乏外界的竞争压力，技艺固守，缺乏创新，难以焕发活力。而且我们不得不考虑到倘若家族出现变故或者无子嗣，那手艺的继承便成为问题。

2. 拜师学艺

拜师学习也是手工技艺传承的途径之一。一般情况下，家境贫寒的孩子很难靠读书改变命运，为求生计，从师学艺。而师傅因藏私心，在传授手艺时，多半隐瞒一部分手艺的要点。毕竟有句话说得好："师傅领进门，修行在个人。"师傅简略地教授知识，其余便要靠徒弟去领悟了，这个过程会增加学习时耗。虽然不能保证技艺完整地传承，但较家族继承已是一大进步，传递的范围更广泛一些。

3. 形成规模，组织继承

社会经济的发展，使人们生活物质条件提高，对手工艺术品需求量增加，家庭作坊逐步扩大规模，有些手工技艺也存在官方发展，如纺织、制瓷行业中的官营工厂。官营为手工技艺发展提供资金和材料、人才等基础条件，但由于不参与市场竞争，技艺改革和创新发展的水平有限。民间手工技艺的行会具有严明的组织关系，对外广泛收集信息，对内维持统一秩序，有利于手工技艺的传承与发展。

知识链接

数字媒体技术在传统手工技艺展示中的应用

1. 动画表现

在传统手工技艺的展示中，可以用二维动画从平面的角度去表现主题和事物，而三维动画则可表现更为真实的运动动作和场景。以白族扎染为例，对扎染的造型进行数字化建模，然后再将各种造型的作品生成动画。再如针扎法、捆扎法的过程展示。这样可以将静态展示转变为动态展示，更具有吸引力。

2. 建立数字资源库体系

利用计算机图形、图像处理软件，对文字、图片进行采集、修饰、重建、存储，把零散的信息聚集起来，建立数字数据库。

3. 建立人机交互的数字博物馆

就以完成一件陶瓷作品为例，用户以制作者的角色进入系统，根据用户喜好，在素材库中选择陶瓷的造型和绘制图案，由系统提供方法指导，让用户来完成一次虚拟制作，加深体会，使陶瓷技艺展示更具趣味性，让参观者自发成为陶瓷技艺的传播者。

4. 多媒体传播

手机已融入民众生活，而各种移动终端随处可见，借以我们可以获取实时和广泛的信息。以桦树皮技艺为例，通过手机、电脑等多种媒介，登录桦树皮制作技艺的相关网站和应用，如APP、微信公众号、微博、各大网站等，将有关桦树皮技艺的内容向民众推送，使其较易获取桦树皮手工技艺的各种图文资料，让人们可以更多地接触桦树皮手工技艺，营造一种文化传播氛围。

二、现代手工技艺

现代手工技艺是指在传统手工技艺的基础上,根据消费者的需求和最新的科技发展,将新技术、新材料、新工艺合理运用到手工艺术品中的一种技艺。

古老的手工艺结合现代品,成就现代手工技艺,它是社会发展的必然产物,传统文化只有与现代要素重新组合,才能融入现代社会。

现代手工技艺是艺术与技术的结合体,是科技与美的结合,它不仅以技术为特征,还融进了现代的科技成果,其创新意识很强,具有多元化的发展趋势。如果说传统手工技艺以手工为基础,那么现代手工技艺就是建立在工业化的基础之上的。例如,将传统的绘画与雕刻工艺应用于建筑与装潢,在保持手工艺品基本特征的基础上,使其进入市场流通。

> **知识链接**
>
> **"中国手艺"大赛**
>
> 为深入贯彻落实《关于实施中华优秀传统文化传承发展工程的意见》和《中国传统工艺振兴计划》,推动中华优秀传统文化创造性转化和创新性发展,在文化和旅游部非物质文化遗产的指导下,中国文化传媒集团立足中国传统工艺振兴,在守正的基础上,将创意设计融入传统文化再创造,组织举办"中国手艺"创意设计比赛,以发动文化创意机构、文博研究机构、文化产品研发供应链企业、设计师团队等群体参与中国传统工艺创新应用探索,搭建政府引导、市场主导、传承人带动、应用设计引领、民众广泛参与的传统工艺振兴实践互动平台。"中国手艺"创意设计比赛涉及地域范围广,参赛人数多,社会效益高,现已发展为国家级文化创意赛事典范。

第二节　躬耕田野

《尚书》有云:"不知稼穑之艰难,乃逸乃谚。"的确,没有挥洒过劳动的汗水,没有体会过劳动的艰辛,就很难真正理解劳动的内涵、珍视劳动的价值。2019年3月8日,习近平总书记在参加河南代表团审议时说,农业农村发展要用好深化改革这个法宝。现在,城乡之间人才、资本等要素的自由流动越来越活跃,不仅本土大学生返乡多了,很多海归也到乡村去寻找创业机会。现代农业发展空间仍然

扫一扫

躬耕田野

很大，现代农村是一片大有可为的土地，是希望的田野。

一、农时

农时是指在农业生产中，每种农作物都有一定的农耕季节和一定的耕作时间。农时出自《孟子·梁惠王上》："不违农时，谷不可胜食也。"

农时是古代人民智慧的结晶，是无数次尝试的成果。如谚语"大暑大落大死，无落无死"，表示大暑时节的雨水对农作物的生长影响较大；又如谚语"大暑吃凤梨"，则表示在大暑期间的凤梨已经熟透了，味道最鲜美。除了上述谚语外，人们还赋予了二十四节气应做的农事（见表7-2）。

表7-2 节气及农事

二十四节气	农事
立春	麦田清沟、沥水，油菜追肥、排水，中耕除草、施肥
雨水	油菜看苗施肥、清沟排水
惊蛰	看苗、拔节水，油菜施肥，早稻育秧，植树造林
春分	小麦/油菜施肥、拔节水，植树造林
清明	早中稻播种，小麦拔节，油菜扬花，玉米、花生播种
谷雨	割麦、插秧、种棉
立夏	春分农作物及时收割，做好防汛准备
小满	大江南北夏熟农作物收割，北方地区加强麦田后期管理，春玉米、高粱的中耕、培土、除草
芒种	抓紧早稻培育管理，及时耕田，适时播种晚稻，注意防治病虫害
夏至	加强田间管理，及时清除杂草，防治病虫害
小暑	做好防汛工作，及时蓄水防旱
大暑	加强田间管理，晚稻插秧
立秋	中耕除草，适时灌溉，抓紧秋播，棉花摘顶
处暑	——
白露	棉花分批采摘，加强秋玉米的田间管理
秋分	做好晚稻田间管理，棉花选种收花

续表

二十四节气	农事
寒露	长江流域播种油菜，江北地区播种冬小麦
霜降	加强油菜、蔬菜的培育管理，做好森林防火
立冬	收晒晚稻，做好冬小麦播种的扫尾工作
小雪	——
大雪	加强冬小麦、油菜等春分农作物的田间管理
冬至	——
小寒	——
大寒	积肥、造肥、绿化植树

知识链接

农时谚语

小麦种迟没头，菜籽种早没油。

知了叫，割早稻。知了喊，种豆晚。

一阵太阳一阵雨，栽下黄秧吃白米。

梨花白，种大豆。

黄豆开花，捞鱼摸虾。

立了秋，那里下雨那里收。

大麦上浆，赶快下秧。

春旱盖仓房，秋旱断种粮。

杨树叶拍巴掌，遍地种高粱。

到了惊蛰节，耕地不能歇。

七里花香，回家撒秧。

枣芽发，种棉花；枣芽发，芝麻瓜。

四月南风大麦黄，才了蚕桑又插秧。

樟树落叶桃花红，白豆种子好出瓮。

桃花开，李花落，种子苞谷没有错。

二、农节（农民丰收节）

中国农民丰收节是自 2018 年 6 月 21 日起设立的一个节日，时间为每年农历秋分。该节由农业农村部申请设立，是首个在国家层面为农民设立的节日。

我国农民的数量占了很大的基数。习近平总书记强调，任何时候都不能忽视农业、忘记农民、淡漠农村。"中国农民丰收节"的设立，顺应了新时代的新要求、新期待，汇聚起脱贫攻坚、全面建成小康社会、实施乡村振兴战略，加快推进农业农村现代化的磅礴力量。

坚持因地制宜办节日。各地应从实际出发，结合当地的民俗文化、农时农事，组织开展好农民群众喜闻乐见的活动，做到天南地北、精彩纷呈。

坚持节俭热烈办节日。乡村风情不在奢华，办好"中国农民丰收节"，既要有节日的仪式感，又要避免铺张浪费，要形成上下联动、多地呼应、节俭朴素、欢庆热烈的全国性节日氛围。

坚持农民主体办节日。农民是丰收节的主体，农民广泛参与是关键。所以，要支持鼓励农民开展与生产生活相关的活动，让农民成为节日的主角，农民的节日农民乐。

坚持开放搞活办节日。"中国农民丰收节"是综合性的节日，既是农民的节日，同时也向其他社会群体开放。所以，要用开放思维办节日，组织开展亿万农民庆丰收、成果展示晒丰收、社会各界话丰收、全民参与享丰收、电商促销助丰收等各具特色的活动，同时还可举办各种优秀的农耕文化活动，让全社会、全民都感受到丰收的快乐。

探讨分享

你的家乡有举办农民丰收节吗？如果有，请谈谈当时的景象及带给你的感受。

农民丰收节作为农民的第一个节日，有着其特殊意义。

1. 体现丰收

秋分时节，风和日丽，丹桂飘香，蟹肥菊黄，正是一派瓜果飘香谷满仓的丰收景象。传统意义上，秋分既是秋收冬藏的终点，更是春耕夏种的起点，正如我国华北地区的一句农谚所言："白露早，寒露迟，秋分种麦正当时。"因而，国家将每年的秋分设立为"中国农民丰收节"，既是对传统"二十四节气"这种古人智慧结晶的致敬与传承，同时更加体现了当代中国人知晓自然更替，顺应自然规律和适应可持续的生态发展观，是传统文化有机融入现代生活的一种契机与自然而然。

2."三个有利于"

一是有利于进一步彰显"三农"(农民增收、农业发展、农村稳定)工作的重要地位。习近平总书记强调,农业、农村、农民问题是关系国计民生的根本性问题,设立中国农民丰收节能够进一步强化"三农"工作在党和国家工作中的重中之重的地位,推动乡村振兴战略实施,促进农业、农村加快发展。二是有利于提升亿万农民的荣誉感、幸福感、获得感。通过设立"中国农民丰收节",顺应了亿万农民的期待,满足了其对美好生活的需求。三是有利于传承弘扬中华农耕文明和优秀文化传统。在工业化、城镇化加快推进的过程中,人们对传统农耕文化的记忆正在淡化,设立中国农民丰收节,可以让人们释放情感、传承文化、寻找归属,从而享受农耕文化的精神熏陶。

3.历史人文

中国农民丰收节不是一般的节日,既是亿万农民庆祝丰收、享受丰收的节日,也是祈愿五谷丰登、国泰民安的国家意志的体现。丰收,凝结起中华文明的澎湃力量。"农虽旧业,其命惟新",中国是农业大国,高质量是农业现代化的标志。坚持"以人民为中心",是习近平新时代中国特色社会主义思想的核心内容,也是现代化农业必须坚守的原则。

三、农事

农事是指耕地、施肥、播种、田间管理(除草、防倒伏、喷洒农药、病虫害防治、防寒、防冻、防旱、浇水、防涝、排灌)、收割、收获、贮藏、六畜管理(饲养、疾病预防)等农业生产活动。农业生产活动涵盖果蔬、花木、中草药、食用菌、粮油、水产、禽畜、农药、肥料、种子、农业机械与设施等行业。

1.耕地

这里的耕地是指用犁或耙翻地,以准备播种。农作物播种前耕地,有很多好处,具体如下:

(1)可将上一茬农作物留下的根、茜、秸杆及散落的枝叶埋进土里,以利于下一茬的播种或栽苗;

(2)土壤在深耕过程中,可将杂草翻埋土中,以利下一茬农作物的生长;

(3)可避免土壤板结,增加土壤透气性,储存营养物质,有利于种子的生根和发芽;

(4)可增加土壤吸水、保水能力,缓解干旱,有利高产稳产;

(5)可防止土壤酸化,形成死土;

(6)可消灭地下越冬各种虫害、虫卵,暴晒,消毒杀菌;

(7)可提高肥料的利用率。

> **知识链接**
>
> **耕地注意事项**
>
> 耕地时间是有讲究的,一般选择在前茬农作物收获后就要抓紧进行,大地封冻前(冻土层超过5厘米)耕完,这样可以延长风化时间,提高灭虫效果,并有利于多接浓度较高沼液水肥。大地封冻后耕翻,不仅耕作困难,耕地质量下降,且灭虫效果也较差。
>
> 耕地前先用耙耕一遍,耕翻后再细耙碎垡,可以蓄水保墒,并能耙死部分越冬虫蛹。冬耕前先耙地有利于地下浅层害虫的死亡,能减少表层害虫因被埋地下而存活的概率。
>
> 耕地时,耕翻深度应在10厘米以上,深度越深,灭虫效果越好。
>
> 因为害虫较耐干旱而不耐湿、耐冻,所以耕地后灌水,可以大大提高害虫的死亡率。此外,耕后灌水也能沉实、风化土壤。

2. 施肥

施肥是指当土壤里不能提供农作物生长发育所需的营养时,对农作物进行人为的营养元素补充的行为。增加土壤养分可用有机肥料和无机肥料两种。无机肥料大多易于溶解,施用后除部分为土壤吸收保蓄外,农作物可立即吸收。而有机肥料除少量养分可供农作物直接吸收外,大多数须经微生物分解才能被农作物所利用。

施肥时需要考虑的因素很多,如土壤条件、农作物生长情况、化肥情况、土壤环境等。

(1)土壤条件。考虑土壤条件一方面是指只有在土壤对某一养分供应不足时,才需要施肥,同时并不需要把所有的必需元素施入土壤;另一方面是指肥料施入土壤后会发生一系列变化,会在不同程度上影响肥料效果,如在水田中施用硝态氮肥,会降低肥效。

(2)农作物生长情况。农作物不同,对养分需要的种类、品种、数量都不相同。首先,要看农作物的需肥特性,小麦、水稻、玉米、高粱、谷子等,需氮较多,需磷、钾较少。此类农作物应以施用氮肥为主,依土壤条件,配合磷、钾肥。豆科农作物有根瘤菌固氮,需要较多的磷、钾。薯类、烟草、麻、甘蔗、甜菜等农作物,号称"喜钾作物",在缺钾的土壤上要特别注意施用钾肥。然后,要看农作物的需肥量。玉米、高粱等农作物生育期短,需肥量大,施肥量应当高于其他禾谷类农作物。小麦茎秆较软,氮肥用量过高,容易引起倒伏。

(3)化肥情况。不同的化肥，其功效不同，常见的化肥有氮肥、磷肥、钾肥、复合肥和微量元素。

氮肥：包括尿素、硫酸铵和硝酸铵等，它们是供给速效氮的主要肥源，是植物合成蛋白质的主要元素之一。

磷肥：过磷酸钙及磷矿粉是磷的来源之一，有助于花芽分化、能强化植物的根系，并能增加植物的抗寒性，其肥效较缓慢。

钾肥：常用的钾肥有氯化钾和硫酸钾，钾是构成植物的灰分的主要元素，钾可增强植物的抗逆性和抗病力，是植物不可缺少的元素之一。

复合肥：是指成分中含有氮、磷、钾三要素或其中的两种元素的化学肥料。复合肥的种类较多，常见的复合肥尿素磷酸钾、氯磷铵钾、硝酸铵钾等。

微量元素：微量元素在植物发育过程中需用量较少，一般情况下土壤中含有的微量元素足够花卉植物的生长的需要，但有些植物在生长过程中因缺乏微量元素而表现失绿、斑叶等现象。

(4)土壤环境。土壤是由大小不同的颗粒组成的，这些颗粒构成了土体的三相，即固相、液相和气相。肥沃土壤的固相占整个土壤体积的一半以上，另外不到一半的体积则充满了水分和空气。土壤孔隙不仅承担着农作物水分、空气的供应，还对农作物的生长有着重要作用，同时也直接影响养分在土壤中的扩散。土壤黏粒、土壤有机质和土壤酸度是影响土壤化学环境的重要因素。土壤养分即使在施肥的情况下也对植物生长起着重要作用。

3. 播种

播种是指把农作物的种子播在地下或地表。播种时需注意以下事项：

(1)覆土不要太厚，根据种子的大小，1～5毫米即可；

(2)播种后通常都要轻轻按压，并覆盖；

(3)一般播种前1～2天将坪床浇透水一遍，待坪床表面干后，用钉耙疏松再播种，以增加底墒；

(4)播种后要喷水，切记不可浇水，种子细小，会冲掉种子；

(5)播种间距尽量均匀，不要太密，后期容易移苗。

> 拓展阅读

让更多人品尝丰收的滋味

在英国，每年秋季都会举办节日活动庆祝丰收。今年英国的丰收节是9月23日，但庆祝活动从9月下旬一直持续到10月。英国《每日电讯报》网站甚至评选出了"十佳丰收节"，足见英国人对丰收节的喜爱。

英国丰收节的起源可以追溯到5世纪，但时下的节庆习俗主要来源于维多利亚时代。在丰收节，人们制作"玉米娃娃"企盼来年收成，将收获的食物分享给他人。除了庆祝粮食丰收，作为岛国，龙虾节、扇贝节等和"海味"有关的特色节日，也是英国丰收节里不可或缺的部分。尽管农业在英国经济中所占比例不断下降，2017年仅占国内生产总值的0.52%；大部分英国人也不再亲自播种收割、出海打鱼，但他们依然热衷过节，以此来传承农耕渔牧的精神，让后代了解丰收来之不易。

丰收节之于英国人，早已超越了对收获的单纯庆贺，而是感恩自然、致敬祖先的真挚表达，是对分享精神、勿忘根本的积极倡导。在亚欧大陆另一端，作为世界农业发源地之一的中国，庆祝丰收的传统同样深厚。将国家称为"社稷"，即是中国先民把对谷神和土神的崇拜融入社会构造的体现。自今年起，每年的秋分被设立为"中国农民丰收节"，在丹桂飘香、谷物满仓之时，各地百姓用不同形式欢庆丰收。知时节而感恩时光，愿付出而感恩回报，这是全世界勤劳朴实的人们的共同愿景。

伦敦的"珍珠国王和王后丰收节"早已蜚声遐迩。在这一天，人们穿上钉着上百颗珍珠饰品的服装，云集在市政厅广场，评选"珍珠国王"和"珍珠王后"。这些被戏称为"草根皇室"的市民，是丰收节最惹眼的明星。当节日的喜悦从农村蔓延到城市，参与者虽然不一定是农民，但慈善募捐与分享丰收果实的传统习俗一脉相承。重视农业是固本安民之要。尽管农民是创造丰收的主体，但丰收硕果却由所有人共享。全民一道享丰收，社会各界话丰收，将助推丰收一浪高过一浪。

一地有一地的风俗，一方水土有一方物产，丰收节也不会千篇一律、千村一面。在秘鲁，人们载歌载舞为太阳神庆生；在德国的葡萄酒产区，人们从酿酒能手中选出本地区的"葡萄酒女王"；在中国，安徽花鼓灯、辽宁地秧歌、云南长街宴营造出别有风味的丰收景象。开展特色节庆活动，既是展示地域文化的重要窗口，也是农村产业发展的竞争力所在。深挖特色资源，打造"拳头"产品，通过旅游体验、民俗展示、产品推介等活动，让农事触手可及，让所有人都能和农村形成更深刻的联系。在把丰收硕果带进城市的同时，也把技术、人才带回农村，激发农村发展的内生动力。

无论是载歌载舞、体育比赛，还是热心公益、共话农桑，丰收节的作用正是要通过参与活动的每一个人，形成强大影响力，增强文化认同感。节日的喜悦一年只有一次，但对农业的重视、对农村的爱护、对农民的尊重却应该常存于心。若是能打造更多群众喜闻乐见的品牌活动，相信丰收节将会过得更有内涵、更有滋味。

（资料来源：《人民日报》，2018年11月15日）

拓展阅读

感悟丰收，感恩"三农"

"中国农民丰收节"的设立，是以习近平同志为核心的党中央关注农业、关心农村、关爱农民的生动体现。2018年，经党中央批准、国务院批复设立"中国农民丰收节"。自此开始，每年的农历秋分，除了作为物候划分和时间刻度，还是中国农民自己的节日。丰收节成为新时代重农强农、尊农爱农的生动象征，成为"任何时候都不能忽视农业、忘记农民、淡漠农村"的鲜活注脚。这是丰收节带给中国"三农"乃至全社会的一份精神馈赠，其深刻意涵值得我们品味感悟。

丰收节是农民欢庆收获之节。"礼赞丰收，致敬奋斗"，今天农民欢庆丰收节，除了庆祝农作物丰收的传统意义外，其内涵更丰富、外延更扩展。这丰收，不仅指农作物的产量增加，还包括农村经济、政治、文化、社会、生态文明建设的丰硕成果；不仅是农民的具体物质获得，还有农民"获得感、幸福感、安全感"的精神收益；不仅包含农民衣食住行的基本民生保障，还加上教科文卫乃至美好生活的新成分。丰收，体现的是农业转型升级的新进展，是农村发展进步的新成果，是农民幸福指数的新提高。

丰收节也应是全社会感恩"三农"之节。中国是一个农业大国，农民占全国人口的大部分。新时代，党领导农民奔小康、抓振兴、谋复兴，离不开农民的奋斗和贡献。"三农"让中国人端稳了中国饭碗，支撑了中国工业化、城镇化的快速发展，守护着城乡大地的生态屏障。对城市居民来说，衣食住行大多离不开农民和农业。"三农"之于城市，有着重要的支撑作用。感悟丰收节的意义，体味丰收节的内涵，就要铭记"三农"的贡献，感恩"三农"的哺育，在全社会营造重农亲农的氛围，形成帮农护农的风气，构建城乡融合发展的体制机制，真诚反哺农业，真心支持农村，真情帮助农民。

丰收节还是农耕文明传承振兴之节。我国是农耕文明古国，农耕文明构成了中华传统文明的源头和基础，是中华儿女永恒的精神家园。党的十八大以来，在新发展理念引领下，农耕文明与生态文明相得益彰，高效生态特色农业、休闲观光体验农业、美丽经济等新产业新业态新模式应运而生，为古老农耕文明注入了时代内涵，使之迸发出全新活力。"绿水青山就是金山银山"，农耕文明迎来转型升级、脱胎换骨和凤凰涅槃的机遇。庆祝丰收节，就要以此为契机，大力传承弘扬农耕文明，重新发现、深入挖掘农耕文明的内在价值，守住中华民族共同的精神家园。

丰收节的设立，是尊农的文化符号，也是重农的政治信号，更是强农的进军号，必将进一步提振农村精气神，增强农民凝聚力，孕育社会好风尚。

（资料来源：《人民日报》，2019年9月27日，有改动）

【应急自救】

俗话说，天灾人祸，人的一生中常常会遇到很多危险各种自然灾害，这些突如其来的危险，具有人们难以预测和扭转的本性。遭遇火灾如何逃生，煤气泄漏中毒怎么办，发生触电如何救护。危急时刻能否正确应急自救，将决定当事者的生死，如果能够利用地形和身边的物体采取积极有效的自救措施，就可以让自己的命运由被动转化为主动，安全度过危机。

第七章 充实职业体验技能

> **知识链接**
>
> ### 海姆立克急救法
>
> 　　海姆立克教授是美国一位多年从事外科的医生。在临床实践中，他被大量的食物、异物窒息造成呼吸道梗阻致死的病例震惊了。在急救急诊中，医生常常采用拍打病人背部，或将手指伸进口腔咽喉去取的办法排除异物，其结果不仅无效反而使异物更深入呼吸道。他经过反复研究和多次的动物实验，终于发明了利用肺部残留气体，形成气流冲出异物的急救方法。1974年，他作了关于腹部冲击法解除气管异物的首次报告。
>
> 　　提示：遇到异物哽塞时，掌握"海姆立克法"，简单说是做"压肚子"动作，腹腔和胸腔间有横膈膜，压肚子能提高腹部压力，横膈膜向上挤压，从而挤压胸腔，排出将异物顶出。具体步骤是：站在患者身后，患者稍向前倾；双臂环绕患者，一手握拳，另一手包住拳头，置于胃上方，胸腔中部；双臂用力收紧，瞬间往内往上挤按，连续多次。当没有其他人在场时，可以借用椅背或桌角用力按压上腹部。对小一点的孩子，把他放在大人腿上，臀部抬高点，猛击背部也可将异物排出。
>
> **应急自救方法**
>
> **1. 什么情况下拨打"120"急救电话**
>
> 　　120电话号码是免费急救电话，在发生意外事件有人身伤害时，尽快拨打120电话，向急救中心呼救。当发生火灾、治安事件、交通事故时，还需拨110。
>
> **2. 如何正确使用"120"急救电话**
>
> 　　(1)说出意外事件类型，发病或受伤的情况。2讲清伤病者所处的正确的地点。
>
> 　　(2)发生群体伤时说出大致受伤人数、伤势、性别及年龄分布。
>
> 　　(3)说明发生人身伤亡的特殊情况：例如车祸、煤气泄漏、火灾、高处坠落等。
>
> 　　(4)告之求助者的联系电话号码并处于待机状态。2应先让120接警台挂断电话。
>
> **3. 中暑的自救**
>
> 　　所谓中暑是在酷热环境下，人体无法散发体内过量的热而导致的体温上升。中暑的表现有：
>
> 　　▲皮肤潮红、干燥、无汗▲体温升高，可达40℃以上▲脉搏加快▲神志不清甚至休克中暑的现场救护：

133

知识链接

▲立即将患者移至阴凉通风处,平躺,松解衣扣。

▲给患者饮用清凉饮料,如茶水、绿豆汤、淡盐开水等。症状严重者,切忌狂饮,采用少量多次的方法,每次以不超过300毫升为宜。

▲尽快进行物理降温,用凉水加少量酒精擦洗全身,头部可放置冰袋或冷水毛巾,也可用电风扇向其吹风以加速散热。

▲经过上述处理,如症状仍无改善时,志愿者或目击者应该迅速呼叫120。

4. 烧伤与烫伤的自救

烧伤是指经由热力、电流化学物品、辐射线所引致的组织损伤。烫伤是指因热的液体造成的伤害,如滚油、蒸气、热水等。严重烧伤

以下情况一般当作严重烧伤处理,应尽快安排伤者入院急诊治疗:★深度烧伤或烫伤。

★烧伤或烫伤部位在头部、手掌、脚掌及生殖器官。

★因化学品或触电而导致的烧伤。

★10%或以上的皮肤面积被烧伤。

★伤者是老人、年幼或长期病患者。

急救与护理

春夏秋冬走健康之路看四季养生网健康饮食养生问题母婴保健养生小常识

＊将热源与伤者隔离,防止继续烧伤或烫伤,例如用厚重的湿衣、被、毯等包裹扑灭伤者身上的火焰。

＊冷却烧伤或烫伤部位,必须第一时间用冷水冲洗伤口10分钟以上,以减少热力造成的伤害。

＊同时检查意识、呼吸、脉搏,防止发生休克,需要时施行心肺复苏术。

＊在伤口肿胀前,小心地脱除戒指、手表、皮带、鞋及烧过的衣物,粘在伤口表面的衣物,应在冷水冲洗降温后小心去除或剪除。

＊用敷料遮盖伤处,清洁的保鲜纸是很好的烧伤敷料。必要时其他合适物品(如清洁床单)也可利用。注意:

＊扑灭身上的火焰,不可让伤者在地上滚动。＊避免火焰灼伤咽喉、气道,不可让伤者奔走、呼喊。

＊处理伤口不可涂上烫伤或其他油剂;不可刺穿水泡,如水疱过大,可用消毒针刺破小心放出疱液。

第七章 充实职业体验技能

> **知识链接**
>
> 5. 一氧化碳中毒的自救
>
> 一氧化碳(co)通常来自煤气及汽车排出的废气，亦可由燃烧产生。这种气体能阻碍血液中的血红蛋白吸收氧气，导致伤者窒息。由于这是一种无色无味的气体，因此在怀疑室内充满一氧化碳时，必须先打开门窗通风，方可进入室内。症状：呼吸困难、面色潮红。一氧化碳中毒自救与护理＊呼叫120，申请急救医疗服务。
>
> ＊将伤者移往空气新鲜的地方。
>
> ＊畅通气道，检查清醒程度、呼吸和脉搏，必要时实施心肺复苏术。＊尽可能给予伤者氧气。
>
> 6. 雷雨天气注意安全事项
>
> 雷电灾害被联合国有关部门列为"最严重的十种自然灾害之一"。据媒体报道，近期雷击事件不断发生，雷击造成人员伤亡、多处供电事故。在此，提醒全体市民注意预防雷电，做好自我保护。以下注意事项仅供参考。
>
> 雷雨天气 8 不宜：
>
> 猜你喜欢哮喘急救方法过敏的急救方法皮肤过敏急救方法中风急救方法
>
> (1)不宜到山顶、山脊、开旷田野、各种露天停车场、运动场和迎风坡等易受雷击的地方，以及楼顶、房顶、避雷针及其引下线附近、亭榭内、铁栅栏、架空线附近等。
>
> (2)不宜躲在孤立的树下，并与树保持2倍树高的安全距离，下蹲向前弯曲。
>
> (3)不宜高举雨伞等带有金属的物体。
>
> (4)不宜进行带金属的设备和通讯、通电线路的安装。(5)不宜在水面、湿地或水陆交界处、高空作业，迅速离开水中、小船、水田等。不宜游泳。
>
> (6)不宜进行户外活动及不要在户外旷野中奔跑。
>
> (7)不宜停留在阳台、窗户边，雷雨过程中，不要接触电源开关和用电设备，不要上网。不宜使用太阳能热水器。
>
> (8)不宜使用固定电话、手机、小灵通及其它户外通讯工具。
>
> 雷雨天气 8 宜：
>
> (1)宜寻找下列地方掩蔽：有金属顶的各种车辆，并及时关闭车门、车窗；大型金属框架的建筑物、构筑物内；较深的山洞、
>
> 汇流速度加快，洪峰流量成倍增长，而很多新增城镇都是向低洼地发展，防洪意识淡薄，河道淤积严重，洪灾损失严重。
>
> (3)违背自然规律的盲目开发。不顾条件乱采滥挖、弃土弃渣挤占河道、进一步加大山洪灾害的危害程度。

思考与练习

以小组为单位,请为校园里的植物合理施肥。

劳动实践

技艺学堂—感受技能之美

传统手工艺是中国文化的母体,是民族情感、个性特征和民族凝聚力的载体,是中华民族文化艺术的瑰宝。手工制作工艺是生产者的艺术,它出自民间,服务于民,将实用和审美融于一体,带有物质和精神的双重性。传承传统手工艺,在社会经济、文化一政治等诸多方面都有着重要的意义。

根据自己的喜好,通过网络学习、拜访手艺人等方式,学习一种或多种传统技艺,亲身感受技能这美。

【过程记录】

选择的传统技艺:_____

学习途径:_____

总结技艺要点:_____

心得体会:_____

【结果评价】

教师可参考表7-1对学生学习传统技艺的过程进行评价。

表7-1 "技艺学堂—感受技能之美"评价表

评价标准	分值	分数小计	教师评价
学习过程认真	30分		
文化理解透彻	20分		
学习成果显著	20分		
成果精美	20分		
能够讲述传统技艺背后的故事	10分		

第八章

社会实践与志愿服务

学习导读

　　社区防疫服务志愿者主要是以社区志愿服务的方式，深入基层进行疫情排查和防控，缓解基层工作人员的人手紧缺问题。2020年突如其来的新冠肺炎疫情，让我们看到了一幅幅感人场景。

　　河北省石家庄友谊街道号召在职党员成立党员志愿者突击队，对辖区内老旧小区、无物业服务自治小区进行全方位的消杀和防控等工作，讲解疫情防控宣传小常识，发放消毒液。

　　重庆市重庆西站管委会组织50多名志愿者为旅客开展志愿服务。志愿者在重庆西火车站内为旅客测体温。这些志愿者由在校大学生、社区居民、车站工作人员等组成，他们负责为旅客测体温、疫情防控宣传、咨询引导等服务。

　　湖北省武汉市汉阳区组织200余家文明单位与116个社区结对共建，组织志愿者进社区助力疫情防控，通过电话查访形式，加强正面宣传引导，了解群众需求和提供救助。汉阳区疾控中心志愿者已深入一线开展流行病学调查，他们身穿密不透风的防护服、胶鞋，戴着面罩、护目镜、双层手套，面对面询问患者发病前后的疾病史、接触史，奋战在一线。区城管执法局加大保洁力度，组织环卫志愿者2400余名开展卫生大扫除，确保垃圾日产日清。

广义的社会实践是人类认识世界、改造世界的各种活动的总和，狭义的社会实践即假期实习或校外实习。这里讲的是狭义的社会实践。

理论联系实际是党的优良传统和作风，教育与生产劳动和社会实践相结合是党的教育方针的重要内容，理论教育和实践教育相结合是大学生思想政治教育的根本原则。大学生参加社会实践，了解社会、认识国情、增长才干、奉献社会、锻炼毅力、培养品格，对于加深对习近平新时代中国特色社会主义思想的理解，深化对党的路线方针政策的认识，坚定在中国共产党领导下，走中国特色社会主义道路，实现中华民族伟大复兴的共同理想和信念，增强历史使命感和社会责任感，具有不可替代的重要作用，对于培养中国特色社会主义事业的合格建设者和可靠接班人具有极其重要的意义。同时对于加强自身独立性也有十分大的意义。

（资料来源：360百科社会实践）

社会实践与志愿服务不仅有助于培养学生良好思想品德和行为习惯，也体现了全方位的育人意义。通过社会实践活动，学生的体魄受到了锻炼，审美情趣得到了陶冶，劳动观念和劳动技能得到了增强，这些成长与进步迁移到科学文化知识的学习上，有利于促进学生身心健康发展。奉献精神是高尚的，是志愿服务精神的精髓，志愿者通过参与志愿服务，不仅提高了自身的办事能力，同时也促进了社会的进步。

第一节　主动树立当代青年的社会责任感

社会责任感是指一个人对他人和社会所承担的职责、任务和使命。从心理学角度看，是指个体对自己在承担人类社会和自身发展的责任中做出的行为选择、行为过程及后果是否符合内心需要而产生的情感体验。

扫一扫
主动树立当代青年的社会责任感

一个没有责任感的人不值得信赖，不能托以大事，更难以有立足之地。一个没有强烈责任意识的民族是没有希望的民族。英国王子查尔斯说过："这个世界上有许多你不得不去做的事，这就是责任。"马克思在《德意志意识形态》一文中指出："在社会关系中，作为确定的人，现实的人，你就有规定，就有使命，就有任务。"这就确切无疑地指出了人类社会中的每一个人都肩负着或多或少，或大或小的责任。在社会生活中，人们在享受权利的同时，还必须承担相应的社会责任，履行相应的义务。

一、当代青年社会责任感的内涵

一个时代有一个时代的主题，一代青年有一代青年的使命。在社会主义建设时期，把我国建设成为富强、民主、文明的社会主义国家，是我国每个公民应尽的社会责任。我们青少年学生是社会主义事业的建设者和接班人，我们肩负着伟大的历

史重任。把前辈开创的事业继续推向前进，振兴中华，实现跨世纪的宏图伟业，这是时代赋予当代青年的崇高使命。

强烈的社会责任感是一种担当，更是一种责任。大学生是社会发展的主力军，而拥有强烈的社会责任感、主动承担社会责任、履行社会义务是大学生人格健全的一个重要标志。作为大学生的我们，需要对自身负责，努力实现全面发展，对他人、社会、民族和人类负责，最终成为社会的有用之才。大学生的自身责任包括对自己的身体健康、学习、品德、成长、未来负责，他人责任包括对他人、对社会、对国家、对人类负责。这两种责任感相辅相成、相互促进。一个人只有对自己负责才会更好地对他人、对社会负责；也只有对他人、对社会负责，才能领悟人生的意义与价值，才能树立健康向上的自我责任感。因此，爱惜自己的生命、完善自我人格、实现自我价值、关注他人幸福、关注社会和国家的发展、关注全人类及生态文明和谐发展都是大学生应该具备的社会责任感。

二、培养当代青年社会责任感的意义

社会责任感的培育不仅可以健全大学生的人格，也可以不断促进社会的发展。大学生要不断通过各种途径强化自身建设、树立责任意识，使自己成为一个可以为家庭、社会乃至国家做出贡献的有意义的人。

一是实现中华民族伟大复兴的需要。习近平总书记指出："中国梦是我们的，更是你们青年一代的。"中国梦的主要目标是实现"两个一百年"的奋斗目标，而目标的达成需要广大青年大学生的拼搏努力。强烈的社会责任感能够提高大学生对其学业的重视程度，不断地开拓、进取。广大青年作为未来社会的中坚力量，不仅处于自己整个人生阶段的黄金时期，同时也是"两个一百年"目标完成后的最终受益者，应当走在时代前列，将自身价值的实现融入中国梦的实现，担当起责任，这不但是积极应对国际竞争的需要，也是实现中华民族伟大复兴的中国梦的需要。

二是培养当代青年新时代家国情怀的必然要求。习近平总书记要求在全社会大力弘扬家国情怀，这既是对中华儿女奋进新时代、展现新作为的极大鼓舞，也是支撑中华民族生生不息、薪火相传重要精神力量的揭示。当今时代，我国正处于社会主义初级阶段，也在不断建设社会主义和谐社会，为个体形成正确的世界观、人生观、价值观营造了良好的社会氛围，新时代家国情怀也使得个人与家庭、个人与民族、个人与国家紧紧地联系在一起。因此，新时代家国情怀的培养可以使当代青年更好地承担起社会责任。

三是高校思想政治教育创新发展的需要。当代青年社会责任感培养是高校思想政治教育的出发点和落脚点，是当代青年价值观形成的重要基点。思想政治理论课是以培育当代青年的忧患责任感、担当责任感、奉献责任感、使命责任感为前提，不断引导当代青年建立社会责任感的主阵地。对大学生社会责任意识的培养，可以增强其对国家社会和民族的责任感，自觉提高自己的思想道德素质，进而促进高校思想政治教育的创新发展。

四是构建社会主义和谐社会的需要。一个社会是否和谐，一个国家是否稳固，很大程度上取决于这个国家的国民素质和社会成员的责任感。大学生是鞭策社会进步的中坚力量，同时也是实现中华民族伟大复兴的中国梦的栋梁之材。一方面，在大学生的健康成长中，社会责任感的培育是重要的一个环节，是衡量大学生是否成熟的重要标识，也是社会转型的重要前提。另一方面，大学生的专业素质由多种因素组成，社会责任感是其中的一个因素，这一重要因素支撑着大学生成长成才，也是大学生在社会中得以站稳脚跟的重要因素。因此，大学生在实现自我价值时必须具备良好的社会责任感。

五是促使大学生全面发展。责任感作为一种道德品德，是一个人对国家、团体和别人所承担的道德责任。在当今时代，青年大学生被社会主流价值观念时刻影响着，适合大学生发展的机遇和平台也不断增多，使大学生得以更好地发展，因此，大学生只有自身素质高、社会责任感强才能更适合当今社会，才能更好地实现人生价值，不断促进自己成长成才，获得全面发展。

知识链接

《志愿服务基本术语》

MZ/T 148—2020《志愿服务基本术语》行业标准由民政部慈善事业促进和社会工作司提出，由全国社会工作标准化技术委员会归口并解释，北京志愿服务发展研究会、北京市志愿服务指导中心、中国青年政治学院社会工作学院、湖北省标准化与质量研究院起草。

志愿服务基本术语

1 范围 本标准界定了志愿服务、志愿者、志愿服务组织的基本术语及定义。本标准适用于在中华人民共和国境内开展的志愿服务。

2 志愿服务 2.1 志愿服务 voluntary service 志愿者、志愿服务组织和其他组织自愿、无偿向社会或者他人提供的公益服务。2.2 志愿服务精神 spirit of volunteerism 奉献、友爱、互助、进步。2.3 志愿服务文化 culture of volunteerism 志愿者、志愿服务组织和社会所认同的志愿服务使命、愿景、宗旨、理念、价值观等精神要素，以及体现这些精神要素的物化载体和制度设计。2.4 志愿服务制度 volunteer service system 为促进志愿服务发展所制定的要求志愿者、志愿服务组织和志愿服务工作者遵守的法律、法规、规章、政策以及准则。2.5 志愿服务活动 volunteer activity 志愿者、志愿服务组织和其他组织开展或参与的志愿服务行为。2.6 志愿服务项目 volunteer project 在一定的周期内，面向特定服务对象或领域开展的，具有明确的服务目标、服务

知识链接

时间、服务内容和服务保障的志愿服务活动。2.7 志愿服务品牌 volunteer service brand 服务成效显著，具有广泛社会影响力、公信力和美誉度的志愿服务。2.8 志愿服务需求 need for voluntary service 个人、群体、组织、社会希望通过志愿服务予以解决的事项。2.9 志愿服务管理 voluntary service management 对志愿服务进行组织、协调、指导、规范、监督的过程。2.10 志愿服务运营管理 voluntary service operations management 对志愿服务组织及其开展的志愿服务活动进行计划、实施、监控和持续改进的过程。2.11 志愿服务对象 voluntary service recipient 获得志愿服务的人、组织、事物以及环境。2.12 志愿服务岗位 volunteer service position 为满足志愿服务需求设立，由志愿者承担的具有相应职责、要求和规范的工作任务。2.13 志愿服务时间 volunteer hours 志愿者实际提供的以小时为计量单位的服务时长。2.14 志愿服务记录 voluntary service records 志愿服务组织和其他依法开展志愿服务活动的组织记录志愿者参加志愿服务的信息。注：记录信息一般包括志愿者的身份信息、服务技能、服务时间、联系方式以及志愿服务情况、培训情况、表彰奖励情况、评价情况等。2.15 志愿服务记录证明 certificate of voluntary service 依据志愿服务记录信息，无偿、如实出具的证明志愿者参加志愿服务有关情况的制式材料。2.16 志愿服务协议 voluntary service agreement 志愿者、志愿服务组织、志愿服务对象以及其他相关方之间达成的，明确各方在志愿服务中的权利义务关系、服务事项等内容的共同约定。2.17 志愿服务风险 risk in voluntary service 在志愿服务中，志愿者、志愿服务组织、志愿服务对象或其他相关方发生危险、伤害、损失的不确定性。2.18 志愿服务保障 voluntary service assurance 为确保志愿服务正常开展和利益相关方权益而采取的制度设计和具体举措。注：具体形式有志愿服务政策法规及志愿者补贴、志愿者保险、志愿服务场地、志愿服务培训等。2.19 志愿服务评估 voluntary service evaluation 用科学和系统的方法对志愿服务管理、活动、项目以及服务成效进行动态监测与静态总结考评。2.20 志愿服务"时间银行" voluntary service "time bank" 为促进志愿服务可持续发展，建立的志愿服务时间存取机制。2.21 志愿服务供需对接 matching supply and demand for voluntary service 将志愿服务资源与志愿服务需求进行有效匹配的过程。2.22 专业志愿服务 professional voluntary service 运用专业技能提供的符合职业或行业标准和规程的志愿服务。

知识链接

3 志愿者 3.1 志愿者 volunteer 以自己的时间、知识、技能、体力等从事志愿服务的自然人。3.2 志愿者管理 volunteer management 通过计划、组织、指挥、协调等手段，开展志愿者招募、培训、使用、评价、激励等工作，以期达到既定目标的过程。3.3 志愿者招募 volunteer recruitment 为征召具备相应条件的志愿者而开展的动员、遴选等活动。3.4 志愿者注册 volunteer registration 志愿者将个人真实、准确、完整的基本信息，通过国务院民政部门指定的志愿服务信息系统或志愿服务组织进行注册登记的过程。3.5 志愿者培训 volunteer training 以提高志愿服务水平为目的，向志愿者传授参与志愿服务所需理念、知识和技能等的活动。注：志愿者培训一般分为志愿者通用培训、专业培训、岗位培训。3.6 志愿者通用培训 general volunteer training 针对志愿者开展的志愿服务理念、权利与义务等基础知识培训。3.7 志愿者专业培训 professional volunteer training 针对志愿者开展的职业技能、技术规范等专业知识和技能培训。3.8 志愿者岗位培训 volunteer assignment training 针对志愿者开展的工作任务、业务流程、服务规范等岗位职责培训。3.9 志愿者激励 volunteer incentives 激发和鼓励志愿者参与志愿服务的措施。3.10 志愿者保险 volunteer insurance 为应对志愿服务风险，志愿者在参加志愿服务期间获得的保险。3.11 志愿者补贴 volunteer allowance 志愿服务组织或其他组织对志愿者在志愿服务中支出的交通、通讯、食宿等费用给予的补助。3.12 志愿者证 volunteer card 证明持有者具有志愿者身份的证件。3.13 星级志愿者 star volunteer 根据志愿服务时间、服务质量等考核标准，获得星级认定的志愿者。3.14 志愿者权益保护 volunteer rights and interests protection 为确保志愿者参与权、知情权以及人格尊严、人身安全、个人隐私等方面的合法权益，所提供的保护举措。3.15 志愿者伦理守则 volunteer code of ethics 志愿者在参与志愿服务时应遵守的道德规范和行为准则。

4 志愿服务组织 4.1 志愿服务组织 voluntary organization 依法成立，以开展志愿服务为宗旨的非营利性组织。注：志愿服务组织可以采取社会团体、社会服务机构、基金会等组织形式。4.2 志愿服务团体 voluntary group 经社区或单位同意成立的，以开展志愿服务为宗旨，尚未依法登记的团体，大多采取志愿服务队等形式组建，一般也称为志愿服务团队。4.3 志愿服务站 volunteer service station 国家机关、企事业单位、人民团体、基层群众自治性组织及其他组织设立的用于开展志愿服务的相对固定场所。

资料来源：中国志愿服务网

第八章　社会实践与志愿服务

三、培养当代青年社会责任感的方法

培育大学生的社会责任感，是真善美四有新人的重要内容，是大学生全面成才的必备素质，是就业上岗的必要条件。鉴于社会责任感，对大学生成才、就业、服务于社会的极端重要性，大学生应该通过以下几方面去努力，加强自身修养，自觉培养自己的社会责任意识，为竞争上岗，及时就业，敬业奉献，打好坚实基础。

1. 用爱国主义情怀和民族精神激发社会责任感。纵观历史，爱国主义历来是激励人民团结奋斗的一面旗帜，是振奋民族精神，增强民族凝聚力，推动人类社会历史前进的精神动力。个人的前途和命运，总是同祖国民族的兴衰荣辱戚戚相关的。作为当代大学生应该家事国事天下事，事事关心，应该正确判断世界发展趋势，深入了解中国国情，深切关爱祖国的前途和命运，不负时代重托，肩负历史使命，把实现自己的人生价值同祖国的需要结合起来，充分发挥自己的聪明才智，把力量用在民族复兴的伟大事业上，建设祖国，报效祖国，这是我们社会责任感的集中而具体的体现。

2. 从远大理想着眼，从养成教育入手，培养社会责任感。理想信念是人生的精神支柱，是社会责任感的源泉和精神动力，社会责任感是实现理想的条件。理想与责任是互相联系的，远大的共产主义理想信念，能激励我们自觉承担应尽的社会责任，认真搞好本职工作和学习。培养社会责任感就要从具体工作做起，从一点一滴做起，在具体的活动中培养。作为一个社会成员，一个团队成员，每个人既享有一定的权力，又必须承担一定的责任和义务，既从社会中获取，又要为社会奉献。权力与责任和义务是统一的。没有无权力的义务，也没有无义务的权力。不讲责任和义务的思想是错误的。每个成员应该发扬团队精神，培养集体观念，自觉承担责任，履行义务，人人为我，我为人人。从做好一次值日，办好一次专栏，擦净一次黑板，这样的小事上做起，逐步培养自己作为一个集体成员的责任心，尽到自己的责任。那种事不关己，高高挂起，对集体漠不关心、麻木不仁的作法至少是不可提倡的。那种给自己擦桌子也只擦半面的人，那种洗碗只洗里面不洗外面的人，那种作值日老师在时就干，老师走了就溜掉的人，那种在"非典"期间不守纪律，擅自离校回家，不顾家人和团体成员的安危的人，是应该认真反省的，与大学生健康成长是有百害而无一利的。

3. 以诚信做人的要求，督促社会责任感的树立。诚信属道德范畴，是一条做人的基本原则，是人与人进行社会交往的重要砝码，也是单位招工用人的重要条件。就此方面，古人多次说过："言而无信，不知其可"，"诚信者，天下之结也"，"无信患作，失援必毙"，"能信不为人下"，"大丈夫以信义为重"，"信，国之宝也，民之

所凭也","不忠不信，何以立于天地之间"。在市场经济条件下，社会对人的诚信要求越来越高。据说，美国人非常重视个人信用，其中一个最重要的原因，就是在美国，不讲个人信用的代价太高了。他们维护诚信的最佳办法是让每个人不讲诚信的行为，都在个人信用史上留下污点，使不守信用者意识到不守信用的代价在一生当中难以承受。比如，有人因为曾有乘车逃票记录，而在找工作时被拒绝；有人因为曾有一笔小账没付清，在贷款时付出比别人更高的利率。一旦有不守信用记录，就很难申请到信用卡，令生活十分不便（不良纪录一般保留七年）。在征信时代，就是让守信用者享受诚信的回报，让不守信用者自食苦果。我曾在教育报上看到一篇关于就业的文章说：一个企业主，招了几名大学生，因工作需要，直接送去进修两年，结果是泥牛入海无消息，不但花了企业的钱，还误了企业的事，同时也严重损害了大学生的形象。企业主告诉记者，这些人不讲诚信，使他啼笑皆非，不敢轻易录用大学生。

4. 树立正确的价值观，形成正确的社会责任感。大学生要把个人前途与祖国的命运联系起来，把个性的发展与社会要求联系起来，把职业的选择与祖国需要结合起来，使自己的成才目标符合社会发展和人民的根本利益，把振兴祖国、强国富民作为自己的奋斗目标，在利国利民的前提下，实现个人事业的最大价值，把实现中华民族的伟大复兴作为我们的共同使命，要有"先天下之忧而忧，后天下之乐而乐"的忧患意识，珍惜学习机会，巩固专业思想，提高责任意识。从我作起，从现在作起，从点点滴滴作起。马克思说："人的本质，在其现实性上是一切社会关系的总和。"人与人，人与自然，人与社会必然要发生各种关系，社会生活是一个整体，各行各业的每个人，所从事的正当工作，对整个社会生活来说，都是不可缺少的。我们每个人都能在自己平凡的岗位上，都对社会的发展产生积极的作用。社会是个体赖以生存的条件，为个体的成长发展提供基础与保障，没有社会的整体强大，个体的利益，个性的发展也受到限制。社会责任要求个体正确处理个人、集体与国家的利益关系，自觉维护他人利益，树立对自己，对他人，对集体，对祖国的责任意识。

5. 以集体主义为原则，使大学生中社会责任感向高境界发展。在培养自我责任意识的基础上，培养社会责任意识。集体主义能够培养青年学生的人生态度，能够激励人的社会责任意识。集体主义是以社会主义集体为价值目标，以个性发展为前提的。它可以密切集体与个人的利益关系，增强个体的主人翁责任感，然而个体对社会，个体对他人的责任离不开人的自我责任意识。个体对自我的责任意识，是个体对社会、对他人有责任感的内在基础。很难设想，一个对自己不负责任的人能为社会、为他人负责任。自我责任意识，意味着个体的自律，和对善的追求。人只有具有了自我责任意识，启动了他的内力，才能进一步上升为社会责任意识。

第八章　社会实践与志愿服务

　　6. 艰苦奋斗，艰苦创业。使社会责任感建立在坚实的基础之上。大学生要努力掌握履行社会责任的本领。随着市场经济的发展，社会上拜金主义、个人主义、享乐主义也时有抬头，这对大学生的思想也产生一定的影响。一些人重视自我设计、自我实现，淡化了社会责任和集体观念。毕业生对不包分配，用人双向选择，人才流动体制的形成等现象缺乏足够的心理准备。普遍想在公办单位，城市条件好的单位去工作，而这些单位往往是人浮于事，或是其它种种原因而不能如愿，于是感到就业压力很大。为此，大学生应该转变就业观念，认识到我国的经济发展水平还很不平衡，还有许多贫困地区和艰苦行业，特别是西部地区有着广阔的就业空间，尤其是山村地区还需要大批的专业人才，光辉的事业在等待青年人开拓振兴，伟大的时代在呼唤青年人艰苦创业，这也是当代大学生的历史责任和理性选择。为了明天的事业，我们大学生应该抓紧在校学习机会，努力掌握科学文化知识和各种专业技能，努力提高自身的综合素质，使自己成为一个既有本领，有责任，又有实干精神的人。

1. 学校进行正确引导，提升大学生社会责任感培养效果

　　高校作为培养大学生思想和技能的主渠道，可以从理论学习和实践活动两方面来培育大学生的社会责任感。理论学习方面，要充分应用思想政治理论课来丰富大学生关于社会责任感的相关知识，进一步确保大学生树立正确的世界观、人生观、价值观。实践方面，高校可以为大学生搭建相关的社会实践活动平台，如与图书馆、福利院、青年志愿者协会，以及与本校结对的中小学等合作，让大学生每周参加社会实践活动，以帮助图书馆整理书籍、帮助老人小孩、无偿献血、给中小学生讲一堂生动的课等方式使大学生将理论学习转化为实际行动。理论学习与实践活动相结合，提升培育大学生社会责任感的效果，使学生将社会责任感内化于心、外化于行，真正地承担起自己的社会责任。

> **知识链接**

中国青年志愿者协会简介

一、概述

中国青年志愿者协会(英文名 Chinese Young Volunteers Associasion，简称 CYVA)成立于1994年12月5日，是由志愿从事社会公益事业与社会保障事业的各界青年组成的全国性社会团体，是中国共产主义青年团中央指导下的，由依法成立的省、自治区、直辖市青年志愿者组织和全国性的专业、行业青年志愿者组织和个人自愿结成的全国性的非营利性社会组织，是全国青联团体会员，联合国国际志愿服务协调委员会(CCIVS)联席会员组织。本协会通过组织和指导全国青年志愿服务活动，努力弘扬"奉献、友爱、互助、进步"的志愿精神，推动社会主义精神文明建设，促进社会主义市场经济体制的建立和完善，提高青年的整体素质，为经济社会的协调发展和全面进步贡献力量。本协会在宪法和法律许可的范围内开展工作。

2010年5月，中国青年志愿者协会获得了联合国经济及社会理事会特别咨商地位。

二、基本任务

改善社会风气和人际关系，为发展社会主义市场经济创造良好的社会环境；适应社会主义市场经济发展的需要，推动青年志愿服务体系和多层次社会保障体系的建立和完善；培养青年的公民意识、奉献精神和服务能力，促进青年健康成长；为城乡发展、社区建设、扶贫开发、抢险救灾以及大型社会活动等公益事业提供志愿服务；为具有特殊困难以及需要帮助的社会成员提供服务；规划、组织青年志愿服务活动，协调、指导全国各地、各类青年志愿者组织开展工作；培训青年志愿者；开展与海内外志愿者组织和团体的交流。

三、团体会员和个人会员

中国青年志愿者协会现有团体会员340个，包括常务理事单位38名、理事单位119个。现有个人会员717名，包括常务理事55名、理事224名。

四、工作机构

协会秘书处设在团中央青年志愿者工作部，负责处理协会日常事务。秘书处下设5个部。

第八章　社会实践与志愿服务

> **知识链接**

中国青年志愿者协会微信二维码

2. 营造良好的社会环境，增强大学生的社会责任感

大学生社会责任感的组成和发展需要良好的社会环境作为支撑。营造良好的社会环境可以从多方面来进行。首先，可以利用现代媒体的作用来宣传社会责任感，如利用报纸、电视节目、微信公众号、微博等平台，通过在这些平台上开展宣传活动，增强大学生对社会责任感的价值认同；其次，在校大学生的责任认知很容易被大学校园的责任氛围所影响，因此，学校的宣传平台可以定期向学生传播社会责任相关知识及实例，让学生产生强烈的共鸣；最后，学生在潜移默化中还会受到教师影响，因此，高校要不断提升教师队伍的素质，给学生施加正向的影响。

> **拓展阅读**

《志愿服务条例》

第一章　总则

第一条　为了保障志愿者、志愿服务组织、志愿服务对象的合法权益，鼓励和规范志愿服务，发展志愿服务事业，培育和践行社会主义核心价值观，促进社会文明进步，制定本条例。

第二条　本条例适用于在中华人民共和国境内开展的志愿服务以及与志愿服务有关的活动。

本条例所称志愿服务，是指志愿者、志愿服务组织和其他组织自愿、无偿向社会或者他人提供的公益服务。

第三条　开展志愿服务，应当遵循自愿、无偿、平等、诚信、合法的原则，不得违背社会公德、损害社会公共利益和他人合法权益，不得危害国家安全。

第四条　县级以上人民政府应当将志愿服务事业纳入国民经济和社会发展规划，合理安排志愿服务所需资金，促进广覆盖、多层次、宽领域开展志愿服务。

第五条　国家和地方精神文明建设指导机构建立志愿服务工作协调机制，加强对志愿服务工作的统筹规划、协调指导、督促检查和经验推广。

拓展阅读

国务院民政部门负责全国志愿服务行政管理工作；县级以上地方人民政府民政部门负责本行政区域内志愿服务行政管理工作。

县级以上人民政府有关部门按照各自职责，负责与志愿服务有关的工作。

工会、共产主义青年团、妇女联合会等有关人民团体和群众团体应当在各自的工作范围内做好相应的志愿服务工作。

第二章 志愿者和志愿服务组织

第六条 本条例所称志愿者，是指以自己的时间、知识、技能、体力等从事志愿服务的自然人。

本条例所称志愿服务组织，是指依法成立，以开展志愿服务为宗旨的非营利性组织。

第七条 志愿者可以将其身份信息、服务技能、服务时间、联系方式等个人基本信息，通过国务院民政部门指定的志愿服务信息系统自行注册，也可以通过志愿服务组织进行注册。

志愿者提供的个人基本信息应当真实、准确、完整。

第八条 志愿服务组织可以采取社会团体、社会服务机构、基金会等组织形式。志愿服务组织的登记管理按照有关法律、行政法规的规定执行。

第九条 志愿服务组织可以依法成立行业组织，反映行业诉求，推动行业交流，促进志愿服务事业发展。

第十条 在志愿服务组织中，根据中国共产党章程的规定，设立中国共产党的组织，开展党的活动。志愿服务组织应当为党组织的活动提供必要条件。

第三章 志愿服务活动

第十一条 志愿者可以参与志愿服务组织开展的志愿服务活动，也可以自行依法开展志愿服务活动。

第十二条 志愿服务组织可以招募志愿者开展志愿服务活动；招募时，应当说明与志愿服务有关的真实、准确、完整的信息以及在志愿服务过程中可能发生的风险。

第十三条 需要志愿服务的组织或者个人可以向志愿服务组织提出申请，并提供与志愿服务有关的真实、准确、完整的信息，说明在志愿服务过程中可能发生的风险。志愿服务组织应当对有关信息进行核实，并及时予以答复。

第十四条 志愿者、志愿服务组织、志愿服务对象可以根据需要签订协议，明确当事人的权利和义务，约定志愿服务的内容、方式、时间、地点、工作条件和安全保障措施等。

第八章　社会实践与志愿服务

拓展阅读

第十五条　志愿服务组织安排志愿者参与志愿服务活动，应当与志愿者的年龄、知识、技能和身体状况相适应，不得要求志愿者提供超出其能力的志愿服务。

第十六条　志愿服务组织安排志愿者参与的志愿服务活动需要专门知识、技能的，应当对志愿者开展相关培训。

开展专业志愿服务活动，应当执行国家或者行业组织制定的标准和规程。法律、行政法规对开展志愿服务活动有职业资格要求的，志愿者应当依法取得相应的资格。

第十七条　志愿服务组织应当为志愿者参与志愿服务活动提供必要条件，解决志愿者在志愿服务过程中遇到的困难，维护志愿者的合法权益。

志愿服务组织安排志愿者参与可能发生人身危险的志愿服务活动前，应当为志愿者购买相应的人身意外伤害保险。

第十八条　志愿服务组织开展志愿服务活动，可以使用志愿服务标志。

第十九条　志愿服务组织安排志愿者参与志愿服务活动，应当如实记录志愿者个人基本信息、志愿服务情况、培训情况、表彰奖励情况、评价情况等信息，按照统一的信息数据标准录入国务院民政部门指定的志愿服务信息系统，实现数据互联互通。

志愿者需要志愿服务记录证明的，志愿服务组织应当依据志愿服务记录无偿、如实出具。

记录志愿服务信息和出具志愿服务记录证明的办法，由国务院民政部门会同有关单位制定。

第二十条　志愿服务组织、志愿服务对象应当尊重志愿者的人格尊严；未经志愿者本人同意，不得公开或者泄露其有关信息。

第二十一条　志愿服务组织、志愿者应当尊重志愿服务对象人格尊严，不得侵害志愿服务对象个人隐私，不得向志愿服务对象收取或者变相收取报酬。

第二十二条　志愿者接受志愿服务组织安排参与志愿服务活动的，应当服从管理，接受必要的培训。

志愿者应当按照约定提供志愿服务。志愿者因故不能按照约定提供志愿服务的，应当及时告知志愿服务组织或者志愿服务对象。

第二十三条　国家鼓励和支持国家机关、企业事业单位、人民团体、社会组织等成立志愿服务队伍开展专业志愿服务活动，鼓励和支持具备专业知识、技能的志愿者提供专业志愿服务。

国家鼓励和支持公共服务机构招募志愿者提供志愿服务。

拓展阅读

第二十四条 发生重大自然灾害、事故灾难和公共卫生事件等突发事件，需要迅速开展救助的，有关人民政府应当建立协调机制，提供需求信息，引导志愿服务组织和志愿者及时有序开展志愿服务活动。

志愿服务组织、志愿者开展应对突发事件的志愿服务活动，应当接受有关人民政府设立的应急指挥机构的统一指挥、协调。

第二十五条 任何组织和个人不得强行指派志愿者、志愿服务组织提供服务，不得以志愿服务名义进行营利性活动。

第二十六条 任何组织和个人发现志愿服务组织有违法行为，可以向民政部门、其他有关部门或者志愿服务行业组织投诉、举报。民政部门、其他有关部门或者志愿服务行业组织接到投诉、举报，应当及时调查处理；对无权处理的，应当告知投诉人、举报人向有权处理的部门或者行业组织投诉、举报。

第四章 促进措施

第二十七条 县级以上人民政府应当根据经济社会发展情况，制定促进志愿服务事业发展的政策和措施。

县级以上人民政府及其有关部门应当在各自职责范围内，为志愿服务提供指导和帮助。

第二十八条 国家鼓励企业事业单位、基层群众性自治组织和其他组织为开展志愿服务提供场所和其他便利条件。

第二十九条 学校、家庭和社会应当培养青少年的志愿服务意识和能力。

高等学校、中等职业学校可以将学生参与志愿服务活动纳入实践学分管理。

第三十条 各级人民政府及其有关部门可以依法通过购买服务等方式，支持志愿服务运营管理，并依照国家有关规定向社会公开购买服务的项目目录、服务标准、资金预算等相关情况。

第三十一条 自然人、法人和其他组织捐赠财产用于志愿服务的，依法享受税收优惠。

第三十二条 对在志愿服务事业发展中做出突出贡献的志愿者、志愿服务组织，由县级以上人民政府或者有关部门按照法律、法规和国家有关规定予以表彰、奖励。

国家鼓励企业和其他组织在同等条件下优先招用有良好志愿服务记录的志愿者。公务员考录、事业单位招聘可以将志愿服务情况纳入考察内容。

第三十三条 县级以上地方人民政府可以根据实际情况采取措施，鼓励公共服务机构等对有良好志愿服务记录的志愿者给予优待。

第八章　社会实践与志愿服务

拓展阅读

第三十四条　县级以上人民政府应当建立健全志愿服务统计和发布制度。

第三十五条　广播、电视、报刊、网络等媒体应当积极开展志愿服务宣传活动，传播志愿服务文化，弘扬志愿服务精神。

第五章　法律责任

第三十六条　志愿服务组织泄露志愿者有关信息、侵害志愿服务对象个人隐私的，由民政部门予以警告，责令限期改正；逾期不改正的，责令限期停止活动并进行整改；情节严重的，吊销登记证书并予以公告。

第三十七条　志愿服务组织、志愿者向志愿服务对象收取或者变相收取报酬的，由民政部门予以警告，责令退还收取的报酬；情节严重的，对有关组织或者个人并处所收取报酬一倍以上五倍以下的罚款。

第三十八条　志愿服务组织不依法记录志愿服务信息或者出具志愿服务记录证明的，由民政部门予以警告，责令限期改正；逾期不改正的，责令限期停止活动，并可以向社会和有关单位通报。

第三十九条　对以志愿服务名义进行营利性活动的组织和个人，由民政、工商等部门依法查处。

第四十条　县级以上人民政府民政部门和其他有关部门及其工作人员有下列情形之一的，由上级机关或者监察机关责令改正；依法应当给予处分的，由任免机关或者监察机关对直接负责的主管人员和其他直接责任人员给予处分：

（一）强行指派志愿者、志愿服务组织提供服务；

（二）未依法履行监督管理职责；

（三）其他滥用职权、玩忽职守、徇私舞弊的行为。

第六章　附则

第四十一条　基层群众性自治组织、公益活动举办单位和公共服务机构开展公益活动，需要志愿者提供志愿服务的，可以与志愿服务组织合作，由志愿服务组织招募志愿者，也可以自行招募志愿者。自行招募志愿者提供志愿服务的，参照本条例关于志愿服务组织开展志愿服务活动的规定执行。

第四十二条　志愿服务组织以外的其他组织可以开展力所能及的志愿服务活动。

城乡社区、单位内部经基层群众性自治组织或者本单位同意成立的团体，可以在本社区、本单位内部开展志愿服务活动。

第四十三条　境外志愿服务组织和志愿者在境内开展志愿服务，应当遵守本条例和中华人民共和国有关法律、行政法规以及国家有关规定。

> **拓展阅读**
>
> 组织境内志愿者到境外开展志愿服务，在境内的有关事宜，适用本条例和中华人民共和国有关法律、行政法规以及国家有关规定；在境外开展志愿服务，应当遵守所在国家或者地区的法律。
>
> 第四十四条 本条例自2017年12月1日起施行。
>
> 资料来源：中国政府网

3. 提高大学生自身认知水平，增强社会责任履行能力

大学生的社会责任感是否强烈，取决于自身对以下三点的思想认识。

(1)大学生要明白什么是社会责任感，以及社会责任感与自己的关系。社会责任感作为一种观念意识，在团队合作、集体生活和社会公德等方方面面都有体现。大学生必须有强烈的社会责任感，才能为社会、为国家的发展贡献一分自己的力量。

(2)大学生要严格要求自己，要有自律精神，在履行社会责任和义务时，自觉约束自身，在自律中培养高尚的道德情操。

(3)大学生可以把思想认知转化为实际行动，在行动中体现出自己的社会责任感，为社会主义和谐社会的发展贡献自己的一分力量。

> **拓展阅读**
>
> **教育部关于印发《学生志愿服务管理暂行办法》的通知**
>
> 教思政〔2015〕1号
>
> 各省、自治区、直辖市教育厅(教委)，新疆生产建设兵团教育局，部属各高等学校：
>
> 为进一步推进学生志愿服务工作科学化、规范化、制度化建设，加强对各级各类学校学生志愿服务工作的指导，现将我部制定的《学生志愿服务管理暂行办法》印发给你们，请遵照执行。
>
> 各地教育部门、各级各类学校要把贯彻落实《学生志愿服务管理暂行办法》作为加强大学生思想政治教育和未成年人思想道德建设的重要举措，紧密结合实际，制订实施办法，努力提升学生志愿服务管理水平。
>
> 教育部
2015年3月16日

第八章 社会实践与志愿服务

拓展阅读

学生志愿服务管理暂行办法

第一章 总则

第一条 为规范学生志愿服务工作，加强学生志愿服务管理，进一步推进立德树人，提高学生社会实践能力，增强学生社会责任感，特制定本办法。

第二条 本办法适用于各级各类学校学生志愿服务工作。

第三条 学生志愿服务，是指学生不以获得报酬为目的，自愿奉献时间和智力、体力、技能等，帮助他人、服务社会的公益行为。十周岁以上的未成年学生，经其监护人同意，可以申请成为学生志愿者。未成年学生参与志愿服务，根据实际情况应当在其监护人陪同下或者经监护人同意参与志愿服务。

第四条 学生志愿服务要遵循自愿、公益原则。学生志愿服务内容主要包括：普及文明风尚志愿服务、送温暖献爱心志愿服务、公共秩序和赛会保障志愿服务、应急救援志愿服务以及面向特殊群体的志愿服务等。学生志愿者在志愿服务过程中要弘扬"奉献、友爱、互助、进步"的志愿精神。

第二章 工作机构

第五条 县级以上教育部门协调本级共青团组织明确专门机构，负责本行政区域内学生志愿服务的领导、统筹、协调、考核工作。

第六条 学校有关部门负责指导、协调本校团组织、少先队组织抓好学生志愿服务的具体组织、实施、考核评估等工作。

第三章 组织实施

第七条 学生志愿服务组织方式包括学校组织开展、学生自行开展两类。中小学生以学校组织开展为主，高校学生可由学校组织开展，鼓励学生自行开展。未成年学生自行开展志愿服务，遵照第一章第三条规定实施。

第八条 学校组织学生参加志愿服务，应充分尊重学生的自主意愿，按照公开招募、自愿报名（未成年人需经监护人书面同意）、择优录取、定岗服务的方式展开，切实做好相关指导、培训和风险防控工作。学校应结合实际，制订学生志愿服务计划，有计划、有步骤地组织学生参加志愿服务。

第九条 高校应给予自行开展志愿服务的学生全面支持，扶持志愿服务类学生社团建设，并将志愿服务纳入实践学分管理。

第十条 学生志愿服务程序

（一）学生志愿服务负责人向学校工作机构提交志愿服务计划等材料；

（二）学校工作机构进行登记备案，包括进行风险评估、提供物质保障、技能培训等；

> **拓展阅读** ▶

(三)学生开展志愿服务活动;

(四)学校工作机构按照规定程序对学生志愿服务进行认定记录。

有条件的学校应实行学生志愿服务网上登记备案、认定记录。

第十一条　学校应安排团委、少先队辅导员等教职员工担任志愿服务负责人,具体负责学生志愿服务的组织、记录、保障工作。

第十二条　学生参加志愿服务,学校、学生志愿者、服务对象应签订服务协议书,明确服务内容、时间和有关权利、义务。

第十三条　学校组织开展志愿服务,应切实做好风险防控,加强学生安全教育、管理和保护,必要时要为学生购买或者要求服务对象购买相关保险。学生自行开展志愿服务,学校应要求学生做好风险防控,必要时购买保险。

第四章　认定记录

第十四条　学校负责做好学生志愿服务认定记录,建立学生志愿服务记录档案。

(一)学校组织开展的志愿服务,由负责人、服务对象提供服务时间、服务内容等证明,学校工作机构予以认定记录。

(二)学生自行开展的志愿服务,由学生本人、服务对象提供服务时间、服务内容等证明,学校工作机构经过审核予以认定记录。

(三)学校应结合本校实际,制订志愿服务档案记录办法,完善记录程序,严格过程监督,确保学生志愿服务档案记录清晰、准确无误。

第十五条　学生志愿服务记录档案,应记载学生志愿者的个人基本信息、志愿服务信息、培训信息、表彰奖励信息等内容。

(一)个人基本信息应包括姓名、性别、出生年月、身份证号、服务技能、联系方式等。

(二)志愿服务信息应包括学生志愿者参加志愿服务活动的日期、地点、服务对象、服务内容、服务时间与次数、活动负责人等。

(三)培训信息应包括学生志愿者参加志愿服务有关知识和技能培训的内容、组织者、日期、地点、学时等。

(四)学生志愿者因志愿服务表现突出、获得表彰奖励的,学校应及时予以记录。

第十六条　学生在本学段的志愿服务记录应如实完整归入学生综合素质档案。教育部门分级逐步建立学生志愿服务记录档案信息管理系统,实现学生志愿服务记录信息化管理。

第八章　社会实践与志愿服务

> **拓展阅读** ▶

第十七条　在大学学段实行学生志愿者星级认证制度。学校根据学生志愿者参加志愿服务的时间累计，认定其为一至五星志愿者。自大学学段以来参加志愿服务时间累计达到100、300、600、1000、1500小时的，分别认定为一至五星志愿者。

第十八条　学生在志愿服务认定记录中弄虚作假的，由所在学校批评教育，给予相应处理，并予通报。学校及其工作人员在学生志愿服务认定记录中弄虚作假的，由教育主管部门严肃处理，并予通报。

第五章　教育培训

第十九条　地方教育部门应完善各学段志愿服务教育体系，系统开展志愿理念、志愿精神、志愿服务基本要求和知识技能、志愿者权利和义务、志愿服务安全知识等基础教育。

第二十条　高校应建立健全学生志愿者骨干专业化培训体系，提高学生志愿者骨干参加专业化志愿服务的素质和能力。对于应急救援、特殊群体等专业性要求高的志愿服务，未经专业化培训合格不得参加。

第二十一条　学校应在基础教育、专业化培训基础上，根据志愿服务活动实际需要有针对性地组织开展临时性培训。

第六章　条件保障

第二十二条　地方和学校应设立学生志愿服务工作专项经费，纳入学校预算管理，专项用于志愿服务组织实施、认定记录、认证表彰、教育培训以及根据需要为学生参加志愿服务购买保险、提供物质保障等。专项经费的使用和管理要公开透明，专款专用，提高使用效益，并接受学校监督。

第二十三条　地方教育部门应制订各级各类学校学生志愿服务工作综合考评办法，每年定期组织进行检查考核，并且纳入大学生思想政治教育和未成年人思想道德建设工作评估体系。

第二十四条　地方教育部门应积极协调本地新闻媒体，传播志愿理念，弘扬志愿精神，普及志愿服务知识，大力宣传志愿服务先进学校、先进学生。学校应积极开展学生志愿服务先进典型宣传。

第七章　附则

第二十五条　地方教育部门应根据本办法，结合实际制订相关实施细则并报教育部备案，各级各类学校应根据本办法，结合实际制订相关实施细则并报相应教育部门备案。

第二十六条　本办法自发布之日起施行。

探讨分享

以小组为单位，对下列问题进行探讨，并将结果展示分享。

你在新冠肺炎疫情防控期间参加了哪些活动？

第二节　积极参加规范化的志愿服务活动

学习导读

　　通过开展青年志愿服务，推动社会主义精神文明建设，促进社会主义市场经济体制的建立和完善，提高青年整体素质，为经济社会的协调发展和全面进步做出贡献。

　　青年志愿者行动是随着社会主义市场经济的发展应运而生的，它着眼于服务改革、发展、稳定的大局和人民群众基本的生产生活需求，为促进社会主义市场经济体制的建立和完善服务，为社会主义精神文明建设服务。

　　开展青年志愿者行动，就是要立足社会需求，在党政关注、群众急需、青年热心的好事和急事上有所作为，通过青年志愿者的实际行动，在社会上倡导团结友爱、助人为乐、见义勇为、无私奉献的新风和正气，弘扬爱国主义、集体主义和社会主义精神，同时也使青年在服务社会、帮助他人的过程中树立适应社会主义市场经济发展要求的社会公德意识和责任、义务观念，提高自己的思想道德和科学文化素质。

　　实践表明，青年志愿者行动是新的历史时期我国青年运动的新发展，是动员广大青年参与社会主义精神文明建设的新载体，是青少年在实践中经受锻炼、完善自己的新课堂，是共青团服从服务于全党全国工作大局、发挥助手和后备军作用的新途径。

（资料来源：360百科青年志愿者）

　　志愿服务活动是指个人自主意识支配的活动，无须报酬地奉献自己的时间和精力让别人从中得益的行为，同时并不排斥志愿者从这一活动中受益。它是现代社会文明进步的重要标志，是加强精神文明建设、培育和践行社会主义核心价值观的重要内容。

　　党的十八大以来，习近平总书记多次对志愿服务提出了殷切希望，志愿服务是公众参与社会公共建设的表现，一定意义上是公民社会公德和道德规范的体现，能够体现个人或

扫一扫

积极参加规范化的志愿服务活动

第八章　社会实践与志愿服务

企业对履行社会责任的意识，有助于早日实现中国梦。

> **知识链接** ▶
>
> ### 志愿者名言
>
> 我志愿我健康，志愿服务意味着健康的身体、健康的心态和健康的生活。
>
> ——钟南山
>
> 我志愿我成长，志愿服务是学会做人、学会做事、学会与人合作的有效途径，在志愿服务中成长是最难得的人生体验。
>
> ——林丹妮
>
> 我志愿我快乐，志愿服务是创造、获得和享受快乐的过程，也是带给他人快乐的过程。
>
> ——庞波
>
> 我志愿我美丽，美丽发自内心，是一种修行，是一种状态，是一种境界，正如志愿精神。
>
> ——赵荣
>
> 我志愿我成就，成就体现在事业发展，也体现在社会贡献，志愿服务是贡献社会的最好方式。
>
> ——丁磊

你们的经验很好，真正体现了行胜于言。社会主义是干出来的，各族群众要一起努力，志愿者要充分发挥作用，谢谢你们的努力和贡献。

——2020年6月8日，在宁夏考察时的讲话

劳动教育理论与实践教程

希望广大志愿者、志愿服务组织、志愿服务工作者立足新时代、展现新作为，弘扬奉献、友爱、互助、进步的志愿精神，继续以实际行动书写新时代的雷锋故事。

——2019年7月23日，致信祝贺中国志愿服务联合会第二届会员代表大会召开

志愿服务是社会文明进步的重要标志，是广大志愿者奉献爱心的重要渠道。要为志愿服务搭建更多平台，更好发挥志愿服务在社会治理中的积极作用。

——2019年1月17日，在天津考察时的讲话

作为志愿者，无论是在台前还是幕后，无论是迎来送往还是默默值守，都可以在这场青春盛会中展现自己的风采。

——2014年7月，给"南京青奥会志愿者"的回信

158

第八章　社会实践与志愿服务

图 8-1　习近平总书记有关讲话和回信内容
（资料来源：　学习强国　人民网）

一、志愿服务活动的类型

常见志愿服务主要为免费、无偿、普惠、公益性的服务活动，其类型可分为以下几种：助残助弱、扶贫开发、环境保护、应急救助、社区建设、大型赛会、海外服务等。

1. 助残助弱

助残助弱是指帮助残疾人、老人、小孩、孕妇等特殊群体。

2. 扶贫开发

扶贫开发是指在国家和社会的支持下，利用贫困地区的自然资源，进行开发性生产建设。

3. 环境保护

环境保护是指在个人、组织或政府层面，为大自然和人类福祉而保护自然环境的行为。

4. 应急求助

应急救助是指应对突发事件如地震、疫情、洪水、车祸等进行的紧急救助。

5. 社区建设

社区建设是指在党和政府的领导下，依靠社会力量，利用社会资源，强化社区功能，完善社区服务，解决社区问题，促进社区政治、经济、文化、环境协调和健康发展，不断提高社区成员的生活水平和生活质量的过程。

6. 大型赛会

大型赛会是指如奥运会、足球世界杯、世界乒乓球锦标赛等规模盛大的赛会。

159

7. 海外服务

海外服务是指志愿者到国外开展为期半年至 2 年（一般为 1 年）的汉语教学、体育教学、医疗卫生、信息技术、农业技术、土木工程、工业技术、经济管理、综合培训、社会发展等领域的志愿服务工作。

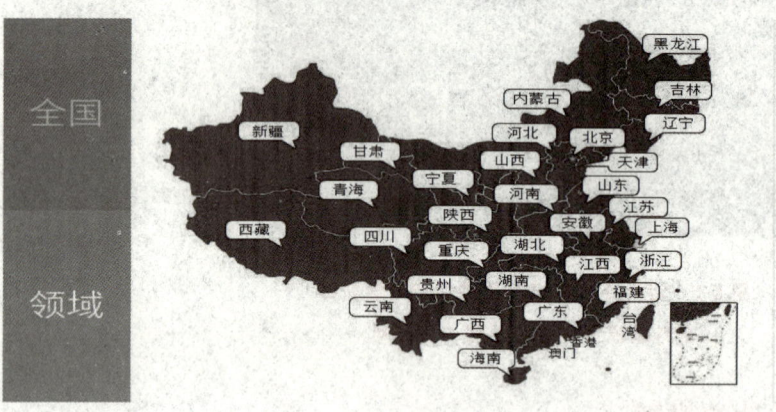

全国志愿服务数据统计	
实名志愿者总数	1.92亿
志愿团体总数	78万
志愿项目总数	471.2万
服务时间总数	26.45亿
记录时间人数	4706.34万

图 8-2　截止 2020 年 12 月 全国志愿服务数据统计
（资料来源：中国志愿服务网）

> **拓展阅读**
>
> 青年志愿者服务项目
>
> 近十五年来，青年志愿者行动的服务领域不断扩大，在农村扶贫开发、城市社区建设、环境保护、大型活动、抢险救灾、社会公益等领域形成了一批重点服务项目。
>
> 青年志愿者社区发展计划
>
> 这项计划主要包括三方面内容：
>
> 1. 青年志愿者"一助一"长期结对服务工作从1994年初开始实施，通过青年志愿者组织牵线搭桥，由一名青年志愿者或一支青年志愿者服务队为一个困难家庭提供经常性服务，全国"一助一"结对已达250多万对。
>
> 2. 大中学生志愿者社区援助工作从1996年开始推进，大中学生利用周末和课余时间，就近就便深入社区，以志愿服务方式提供多内容的专业服务，目前，各地大学生志愿者正在通过到居委会挂职等方式积极开展教育、科技、文化"三进巷"活动。
>
> 3. 社区青年志愿者服务站创建工作。它们是社区青年志愿者工作最基本的组织，负责基层志愿服务活动的组织协调工作。

第八章 社会实践与志愿服务

> **拓展阅读**
>
> 青年志愿者扶贫接力计划
>
> 　　这项计划从1996年开始试点，1998年全面展开，共青团中央先后联合中央文明办、教育部、卫生部、科技部、农业部、人事部、国务院西部开发办等部门共同实施，采取公开招募、定期轮换、长期坚持的接力机制，组织动员青年志愿者为贫困地区提供每期半年至2年的基础教育、医疗卫生、农业科技推广等方面的服务。截止目前，全国共有31个省、区、市实施了这项计划，累计共有20多万名城市青年报名，从中选派了13558名志愿者，受援贫困县达211个，覆盖了西部17个省、区、市，初步形成了支教、支医两大支柱项目和跨省对口支援、省内发达地区支援欠发达地区等工作模式。目前，3500名志愿者正在中西部贫困地区服务。
>
> 大学生志愿服务西部计划
>
> 　　"大学生志愿服务西部计划"是团中央、教育部等国家部委根据国务院常务会议、《国务院办公厅关于做好2003年普通高等学校毕业生就业工作的通知》和2003年全国高校毕业生就业工作电视电话会议精神的要求而实施的，财政部、人事部给予相关政策、资金支持。这项计划通过引导大学生到西部去、到基层去、到祖国和人民最需要的地方去建功立业，促进西部贫困地区教育、卫生、农技、扶贫等社会事业的发展，拓展大学生就业、创业的渠道，努力培养造就一大批既有现代科学文化知识、又有基层工作经验和强烈社会责任感的优秀青年人才。这项计划从2003年开始，按照公开招募、自愿报名、组织选拔、集中派遣的方式，每年招募一定数量的普通高等学校应届毕业生，到西部贫困县的乡镇从事为期1—2年的教育、卫生、农技、扶贫以及青年中心建设和管理等方面的志愿服务工作。志愿者服务期满后，鼓励其扎根基层，或者自主择业和流动就业。
>
> 大中专学生"三下乡"活动
>
> 　　这项活动由中宣部、教育部、团中央联合实施，每年组织动员近百万名大中专学生志愿者深入农村基层和贫困地区，发挥自身的知识智力优势，开展了内容丰富、形式多样的扫盲和文化、科技、卫生服务，推广农村实用技术，倡导健康文明的生活方式，促进农村的经济社会发展。
>
> "保护母亲河"计划
>
> 　　这项工作以"劳动、交流、学习"为主题，通过建设绿色行动基地，集中组织青年开展植树造林、沙漠治理、水污染整治、清除白色垃圾等环保志愿服务活动。河北丰宁和内蒙古达里诺尔项目已经启动，山西黄河万家寨、四川广安邓小平故居、浙江楠溪江和台州、吉林延吉等项目正陆续实施。

> **拓展阅读**
>
> 在大型活动和急难险重任务中充分发挥青年志愿者的作用
>
> 数百万青年志愿者为第三届远南残疾人运动会、第四届世界妇女大会、昆明世界园艺博览会、APEC上海年会、第21届世界大学生运动会等国际、国内大型活动提供了优质高效的志愿服务。组织青年为大型活动提供志愿服务已逐步成为全国通行的做法。同时，青年志愿者积极参与抢险救灾工作。
>
> 围绕党政工作大局和社会公益事业开展志愿服务
>
> 如共青团学校战线开展的大中学生志愿者社区援助行动，青农战线开展的青年志愿者"植绿护绿"活动，北京的"为老科学家、老教育家、老干部献爱心"活动，浙江的"天天志愿者行动"，河南的为见义勇为英雄及其家属志愿服务，江苏江阴、福建漳州的青年志愿者"110联动"，青岛的"周日志愿行动"，铁道系统的青年志愿者"清除白色垃圾"行动，煤炭行业的青年志愿者"阳光工程"等等，都是从战线、地方和行业实际出发，选择党政关注、群众急需、青年能为的项目，持之以恒，创造性地开展青年志愿者行动。
>
> （资料来源：360百科 中国青年志愿者行动）

探讨分享

以小组为单位，对下列问题进行探讨，并将结果展示分享。
你能够参加的青年志愿服务活动有哪些？
你知道我国志愿服务活动的发展历程吗？

> **知识链接**
>
> **志愿服务政策推动高度密集**
>
> 2016年以来，在以习近平同志为核心的党中央的高度重视下，志愿服务纳入全面深化改革大局，上升为国家战略。2016年6月，中央宣传部、中央文明办、民政部等8部门联合印发《关于支持和发展志愿服务组织的意见》，明确提出到2020年，基本建成布局合理、管理规范、服务完善、充满活力的志愿服务组织体系；2016年12月，中宣部、中央文明办等7部门印发《关于公共文化设施开展学雷锋志愿服务的实施意见》，明确提出到2020年，基本建成公共文化设施志愿服务组织体系、志愿服务项目体系和志愿服务管理制度体系；2018年9月3日，《"互联网＋社会组织（社会工作、志愿服务）"行动方案（2018－2020年）》明确提出，到2020年，基本建成志愿服务大数据资源库，实现相关部门间的志愿服务数据共享与汇聚的目标。
>
> （资料来源：我国志愿服务发展：成就、问题与展望）

第八章　社会实践与志愿服务

> **知识链接**
>
> ### 志愿服务法制化进程加快，为志愿服务发展奠定了法律基础
>
> 从1999年8月5日广东省通过了第一部关于青年志愿者服务的地方性法规《广东省青年志愿者服务条例》以来，当前地方性志愿服务立法步伐呈现出不断加速的趋势。
>
> 中央各个部门也陆续出台了一些规范性文件，为规范和促进志愿服务活动创造了一定的制度环境。如：2007年由中国红十字总会指定的《中国红十字志愿服务管理办法》以及2015年3月，教育部印发《学生志愿服务管理暂行办法》等。
>
> ### 推进志愿服务制度化
>
> 习近平总书记强调，各级党委和政府要为志愿服务搭建更多平台，给予更多支持，推进志愿服务制度化常态化，凝聚广大人民群众共同为实现"两个一百年"奋斗目标、实现中华民族伟大复兴的中国梦贡献力量。党的十八大以来，我国志愿服务事业取得长足进步，特别是《志愿服务条例》《关于推进志愿服务制度化的意见》《关于支持和发展志愿服务组织的意见》等法规和政策文件出台，推动我国志愿服务进入一个新的发展阶段。党的十九届四中全会《决定》把"健全志愿服务体系"作为坚持以社会主义核心价值观引领文化建设制度的重要任务之一。
>
> 应积极推进志愿服务制度化，建立灵活便捷、形式多样的志愿服务平台，完善志愿服务管理和绩效评估机制，推动志愿者组织规范化、专业化、多元化发展。健全志愿服务风险防范机制，为志愿者参与志愿服务活动提供必要条件，解决志愿者在志愿服务过程中遇到的困难，维护志愿者的合法权益。
>
> （资料来源：人民日报）

> **知识链接**
>
> ### 志愿服务活动的法律依据
>
> 《中国注册志愿者管理办法》规定：
>
> 1. 团组织、志愿者组织根据服务对象的需求，向注册志愿者发布服务信息、提供服务岗位，志愿者按照相关要求开展志愿服务。注册志愿者也可按照相关规定自行开展志愿服务。提倡具有相同服务意向和志趣爱好的注册志愿者在团组织、志愿者组织指导下结成志愿服务团队开展服务。
>
> 2. 注册志愿者参加志愿服务，应通过与志愿者组织或服务对象签订服务协议书等形式，明确服务内容、时间和有关的权利、义务。未满十八周岁的注册志愿者可参加与其年龄、智力相适应的志愿服务。
>
> 3. 各级团组织、志愿者组织可依托服务需求相对集中的社会公益机构，通过签订协议、命名挂牌等形式创建志愿服务基地，探索建立志愿者经常性、就近就便开展志愿服务的有效机制。

二、大学生参加志愿服务活动的意义

大学生志愿服务活动是高校思想政治教育的重要载体，也是大学生参与社会实践的重要方式。志愿服务恰恰是青年思想引领工作的重要方面。

志愿服务的发展有效地为思想政治教育提供新的教育路径，大学生志愿服务活动通过寓教于实践，在志愿服务中培养集体主义精神、爱岗敬业精神、家国情怀等，这些实践过程很好补充了高校思想政治教育的载体。

资料来源：人民网－青春志愿行奉献新时代

正如习近平给华中农业大学"本禹志愿服务队"的回信中所说，青年要有理想、有担当，能"弘扬奉献、友爱、互助、进步的志愿精神，坚持与祖国同行、为人民奉献，以青春梦想、用实际行动为实现中国梦作出新的更大贡献。"高校学生参加志愿服务不仅能有效弥补政府和社会工作中的部分不足，也是提升学生思想觉悟的有效途径，推动青年的理想付诸实践、帮助青年提前适应社会，对高校学生的发展具有多方面的意义。

1. 升华思想

高校学生在参加志愿服务的过程中，能接触很多处于弱势地位的残疾人、孤寡老人、留守儿童等群体，能切身感受到我们在发展的过程中仍存在很多需要关注和解决的问题进而加深扶贫济弱、主动担负社会责任的意识。

同时，在志愿服务的过程中一般能接触到慈善机构、社会爱心团队和人士，能够更进一步了解国家、社会正在为帮助和保护弱势群体做的努力，进而加深对国家、社会的认可度。

2. 锻炼能力

参加志愿服务可以有多种服务形式，特别是高校学生往往擅长开展与自己专业相关的服务活动，如指导留守儿童绘画、陪伴孤寡老人修理盆景、指导聋哑学生做糕点等。高校学生为顺利开展志愿服务往往需要提前进行充分的准备，在服务过程中也不断演示与指导，这些都是在温习、实践中不断锻炼专业能力，活动效果的反馈也能有效帮助高校学生反思专业方面的不足、改进的方向等，推动高校学生主动精进专业能力。即使在常规的福利院劳动活动中，也在锻炼高校学生的动手能力、交际能力。

3. 适应社会

高校学生日常交际范围多围绕同学及高校工作人员，与社会人员、事务接触的机会比较少，许多经验是来自教材与高校学生网络，缺少对社会的亲身体验。高校学生参加志愿服务是接触社会、认识社会、适应社会的一种方式。在正式踏入社会进行工作之前，通过参加志愿服务，高校学生会在接触某个群体、行业的过程中对社会的某个方面亲身体验、加深了解，知晓该行业存在的一些问题，进而去思考以后该怎样完善自己、适应社会。

第八章　社会实践与志愿服务

志愿服务已成为社会文明的标志、社会活力的体现，是增强社会责任感的有效载体。大学生作为社会建设的中坚力量，是志愿服务的主力军。大学生参加志愿服务活动的意义有以下几点。

1. 可以提升自我价值

由高校大学生组成的青年志愿者对外界接触较少，志愿活动能帮助学生进一步了解社会并适应社会发展。此外，在活动中也会接触到不同的人和事，这些人和事给志愿者工作带来了挑战，同时也能提高大学生志愿者的适应能力、应变能力及心理素质等。

2. 可以实现社会价值

我国大学生志愿者在重大自然灾害或重大活动中提供了高水平、高标准的志愿者服务，大大增强了我国在国际志愿者服务界的影响力。不仅如此，大学生志愿者们还开展了宣传环保知识、清扫垃圾、动员志愿者们植树造林等活动，起到了良好的模范带头作用，调动了群众保护环境的积极性。

志愿服务是社会文明进步的重要标志。党的十八大以来，广大志愿者、志愿服务组织、志愿服务工作者积极响应党和人民号召，弘扬和践行社会主义核心价值观，走进社区、走进乡村、走进基层，为他人送温暖、为社会作贡献，充分彰显了理想信念、爱心善意、责任担当，成为人民有信仰、国家有力量、民族有希望的生动体现。希望广大志愿者、志愿服务组织、志愿服务工作者立足新时代、展现新作为，弘扬奉献、友爱、互助、进步的志愿精神，继续以实际行动书写新时代的雷锋故事。

——习近平 2019 年 7 月 23 日致中国志愿服务联合会第二届会员代表大会的贺信

资料来源："学习强国"学习平台

探讨分享

和同学相互交流志愿服务的特征。

以小组为单位，对下列三个问题进行探讨，并将结果展示分享。

什么是志愿者？志愿者有什么活动？你参加过什么志愿者活动？

> **知识链接**
>
> ### 志愿服务精神
>
> 　　志愿服务精神是指一种精神体现。联合国前秘书长科菲·安南在"2001国际志愿者年"启动仪式上的讲话中指出："志愿精神的核心是服务、团结的理想和共同使这个世界变得更加美好的信念。从这个意义上说，志愿精神是联合国精神的最终体现。"这句话指出了志愿精神的本质，表达了人们对志愿服务的由衷赞美。
>
> 　　志愿服务的精神概括起来是：奉献、友爱、互助、进步。
>
> 　　1. 奉献
>
> 　　奉献原指恭敬地交付、呈献，即不求回报地付出。奉献精神是高尚的，是志愿服务精神的精髓。志愿者在不计报酬、不求名利、不要特权的情况下参与推动人类发展、促进社会的活动，这些都体现着高尚的奉献精神。
>
> 　　2. 友爱
>
> 　　志愿服务精神提倡志愿者欣赏他人、与人为善、有爱无碍、平等尊重，这便是友爱精神。志愿者之爱跨越了国界、职业和贫富差距，是没有文化差异，没有民族之分，没有收入高低的平等之爱，它让社会充满阳光般的温暖。如无国界医生，他们不分种族、政治及宗教信仰，为受天灾、人祸及战火影响的受害者提供人道援助，他们奉献的是超国界之爱。
>
> 　　3. 互助
>
> 　　志愿服务包含着深刻的互助精神，它提倡"互相帮助、助人自助"。志愿者凭借自己的双手、头脑、知识、爱心开展各种志愿服务活动，帮助那些处于困难和危机中的人们。志愿服务者以"互助"精神唤醒了许多人内心的仁爱和慈善，使他们付出所余，持之以恒地真心奉献。"助人自助"帮助人们走出困境，自强自立，重返生活舞台。受助者获得生活的能力后，也会投入到关心他人、帮助他人、为社会做贡献的志愿活动中，这些志愿活动都涵盖着深刻的"互助"精神。
>
> 　　4. 进步
>
> 　　进步精神是志愿服务精神的重要组成部分，志愿者通过参与志愿服务，使自己的能力得到提高，同时促进了社会的进步。在志愿活动中无处不体现着"进步"的精神，正是这一精神使人们甘心付出，追求社会和谐之境的实现。

第八章　社会实践与志愿服务

拓展阅读

1994年2月24日，共青团中央向全社会发布"心手标"，作为中国青年志愿者的统一标志。20多年来，"心手标"广泛应用于大型赛会、扶贫支教、应急救援、海外服务等志愿服务场景，成为最受志愿者欢迎、传播最为广泛、最具影响力和标志性的中国志愿服务文化符号，生动诠释了"奉献、友爱、互助、进步"的志愿精神。为进一步规范"心手标"的使用，共青团中央、中国青年志愿者协会发布《中国青年志愿者标志基本规范》；同时，中国青年志愿者协会发布《中国青年志愿者标志("心手标")应用场景规范示例2020版》，为"心手标"在志愿者服装、装备、工作站、室外展示等主要应用场景的呈现提供便捷使用的规范示例。

中国青年志愿者标志基本规范

为规范使用中国青年志愿者标志，增强青年志愿者光荣感和组织归属感，依据《中国青年志愿者协会章程》等有关规定，就中国青年志愿者标志明确以下基本规范。

第一条 中国青年志愿者标志是经共青团中央批准的中国青年志愿者和青年志愿者组织的象征和标志。各级共青团组织、各级各类青年志愿者组织和每一位青年志愿者，都应当尊重中国青年志愿者标志。

第二条 中国青年志愿者标志通称"心手标"，其整体构图为心的造型，同时也是英文"青年"第一个字母Y；图案中央既是手，也是鸽子的造型，寓意青年志愿者向需要帮助的人们奉献一份爱心，伸出友爱之手，立足新时代、展现新作为，弘扬奉献、友爱、互助、进步的志愿精神，以实际行动书写新时代的雷锋故事。

第三条 各级共青团组织、各级各类青年志愿者组织和青年志愿者应依法依规使用中国青年志愿者标志。主要包括但不限于下列情形：

(一)开展青年志愿服务活动、举办会议时。

(二)青年志愿服务站、服务基地等服务阵地。

(三)青年志愿服务的外事场合。

(四)颁发的奖状、奖旗、奖章、证书和其他荣誉性文书、证件。

(五)青年志愿服务有关出版物、非商业用途的宣传品、新媒体文化产品、网站等。

> **拓展阅读**

（六）青年志愿服务有关视觉识别系统，主要包括青年志愿者组织和青年志愿者的旗帜、徽章、牌匾、服饰、装备及相关文化宣传品等。

第四条 以中国青年志愿者标志为元素设计制作志愿服务相关标识时，应当完整规范使用中国青年志愿者标志，并将其作为主体图案，不得在其上添加任何内容，不得进行篡改。不得使用破损、污损、褪色或不符合制作规范的中国青年志愿者标志。

第五条 中国青年志愿者标志禁止以任何形式用于或变相用于商标、商业广告以及商业活动，不得在不适宜的场合使用。

第六条 县级和县级以上共青团的领导机关对中国青年志愿者标志的制作使用进行监督管理；对社会公众和社会组织违反本规范制作、使用、侵犯中国青年志愿者标志的行为，要坚决制止，并及时向上级团委报告，第一时间提请有关司法和行政机构依法处置。

第七条 共青团中央对中国青年志愿者标志拥有著作权和解释权。中国青年志愿者协会拥有该标志的注册商标专用权。

共青团中央

中国青年志愿者协会

2020年4月23日

中国青年志愿者标志（"心手标"）制作说明

1. 标志说明：中国青年志愿者标志整体构图为心的造型，同时也是英文"青年"第一个字母Y；图案中央既是手，也是鸽子的造型，寓意青年志愿者向需要帮助的人们奉献一份爱心，伸出友爱之手，立足新时代、展现新作为，弘扬奉献、友爱、互助、进步的志愿精神，以实际行动书写新时代的雷锋故事。

2. 制作说明：图案中白色为纯白色，红色色号为M100Y100。

第三节　不断提高志愿服务的能力

学习导读

志愿者应具备哪些素质

1. 遵守道德规范，具有奉献精神、团队精神、爱国主义精神，诚实守信，工作负责；
2. 具有亲和力，身体和心理健康；
3. 具有一定的关于文明创建、生活常识、社交礼仪、志愿者服务等方面的知识；
4. 具有一定的组织协调能力、口头和文字表达能力和应变能力；
5. 要虚心听取组织的意见，要始终保持与组织的联系；
6. 积极提供建议改善服务；
7. 有责任心、恒心，认真履行服务承诺，尽力完成工作；
8. 主动学习和发挥自己的特长去参与服务；

（资料来源：沈阳市志愿服务网 www.syszyz.org）

知识讲解

能力是完成一项目标或者任务所体现出来的综合素质。人们在完成活动中表现出来的能力有所不同，能力是直接影响活动效率，并使活动顺利完成的个性心理特征。

能力总是和人完成一定的实践相联系在一起的。离开了具体实践既不能表现人的能力，也不能发展人的能力。掌握和运用知识技能所需的心理特征。达成一个目的所具备的条件和水平。

随着志愿者行动的不断深化，志愿服务活动项目的专业化、知识化特点愈发明显。大学生开展志愿服务活动，能够充分运用所学业务知识，并在服务中巩固知识，提高分析和解决问题的能力。大学生特别注重对自己各方面能力和特长的培养，而在活动中获得专业培训，掌握实用技能，就成为大学生从事志愿者工作可期待的直接回报。

劳动教育理论与实践教程

> **知识链接**
>
> ### 让志愿服务蔚然成风
>
> 习近平总书记在统筹推进新冠肺炎疫情防控和经济社会发展工作部署会议上，充分肯定了广大志愿者等真诚奉献、不辞辛劳，为疫情防控作出了重大贡献。新冠肺炎疫情发生以来，来自各行各业的志愿者活跃在疫情防控第一线，彰显理想信念、爱心善意、责任担当，为疫情防控形势持续向好、生产生活秩序加快恢复作出了贡献。我们要坚持走中国特色志愿服务之路，大力弘扬奉献、友爱、互助、进步的志愿精神，推进志愿服务制度化，提高志愿服务能力，营造志愿服务发展良好环境，充分发挥广大志愿者在统筹推进疫情防控和经济社会发展工作中的重要作用。
>
> 提高志愿服务能力。无论是突发重大公共卫生事件中的志愿服务，还是其他满足人民群众对美好生活需要的志愿服务，都对志愿者胜任服务岗位提出明确要求，需要志愿者不断提高个人的能力和素养。要制定常态化志愿者专业知识和技能培训制度，实施应急志愿服务能力提升工程，通过演习提升应急能力。当前，可开展"志愿者＋社会工作"协作机制，借力社会工作在组织策划、项目运作、资源整合等方面的专业优势，协同开展疫情防控中的心理疏导、情绪支持、保障支持等服务。创新志愿服务方式，立足群众需求探索疫情防控"互联网＋志愿服务"，创新开展"无接触服务""代办式志愿服务"，使志愿服务的供给与人民群众的需求有效匹配。
>
> （资料来源：人民日报作者卓高生为浙江省中国特色社会主义理论体系研究中心温州大学研究基地研究员）

作为一个志愿者，仅有热情显然是不够的，还需掌握一定的志愿服务能力。那么，志愿服务能力包括哪些能力呢？怎样才能提高志愿服务能力呢？

一、志愿服务能力的内容

志愿服务能力随着志愿服务类型的不同而不同，总的来说，一般包括熟练使用相关工具的能力、处理突发事件的能力，以及其他专业能力。

扫一扫

不断提高志愿服务的能力

1. 熟练使用相关工具

这里的相关工具指的是如在帮助残疾人时，要学会使用轮椅、拐杖、助行器、手杖、助听器等。下面举例阐述轮椅和拐杖的使用方法。

第一，轮椅的使用方法。把折叠的轮椅打开，拉住手刹；人坐上去后再把脚踏板放下来，切忌先放踏板，以免摔倒；系上安全带，放开手刹，即可开始行走；乘坐者下轮椅时，须先扳下助力手刹，然后收起脚踏板，待乘坐者双脚踩稳地面后松开安全带，乘坐者手握扶手或由护理人员搀扶站离轮椅；下坡时，轮椅要倒行；上坡时，正常推行；行驶中，越过低矮障碍物时，护理人员须先告知，让乘坐者双手

抓握扶手，后背紧贴轮椅靠背，护理者双手握住把手套，同时用脚踩大架后面的脚踏板，使前轮抬起越过障碍物。

第二，拐杖的使用方法。当站直时，拐杖的上缘应在腋下两指左右；拐杖的扶手应在站立时下垂双手手腕横纹的位置（当握住扶手时，肘关节轻微弯曲）；在站立和行走时，应该用手而不是腋窝处去支撑；行走时，身体略前倾，双拐前移30厘米左右，将身体重心移到双拐上；身体在两拐间前移，最终好腿落地撑住；当好腿站实后，双拐前移准备下一步；坐时，背对一把稳固（最好带扶手）的椅子，把双拐交到一只手上，另一只手向后摸到椅子，然后慢慢坐下；坐下后，把拐杖倒过来放在身边，避免拐杖滑倒；要站起来时，身体向前轻移，双拐放到伤腿一侧的手上，撑起身体，用好腿支撑；在上下楼梯时，一手扶楼梯扶手，一手握双拐，遵循"好腿先上，坏腿先下"的原则。

2. 突发事件处理办法

在志愿服务中，难免有时会出现一些突发状况，如中暑、遇到休克者、突然停电、电梯遇险、遇到火灾、地铁遇险等。不论遇到哪种意外，作为志愿者，都应做到临危不乱、泰然处之。

第一，中暑。立即将患者转至阴凉通风处，平躺，松解衣扣；患者可饮用清凉降温饮料，如茶水、绿豆汤、冷盐开水等。症状严重者，切忌狂饮，采用少量多饮的方法，每次以不超过300毫升为宜；尽快进行物理降温，用凉水加少量酒精擦洗全身，头部可放置冰袋或湿毛巾，也可用电风扇向其吹风以加速散热；经过上述处理，如症状仍无改善时，须立即请医生或送医院治疗，以免延误病情。

第二，遇到休克者。尽可能避免搬动或扰动患者，让患者平卧，松解衣领、内衣、腰带，注意保温（如果患者有哮喘、呼吸困难，可略将患者头部抬高）；因大量失血引起的休克，应立即止血，将患者双下肢抬高，下面垫以被子，使下肢血液回流心脏；保持呼吸道通畅。如果患者意识丧失，应将患者下颌抬起，以防舌根后坠而堵塞气道；如果患者清醒，可给予少量淡盐水或糖水，但不要让患者进食，以免阻塞气道及影响送到医院后的麻醉；在进行上述处理的同时应尽快送医院抢救。

第三，突然停电。首先要保持镇静，不要慌张，可拨打相关电话向当地供电客户服务中心查询停电原因、范围及持续时间；拔掉电源插销，并把电线收好，防止在黑暗中把人绊倒；如果建筑物内有自备电源，应当迅速启动（公共场所要保证安全通道畅通，启动应急照明，保证疏散人员时的安全）。

第四，遇到火灾。预先熟悉逃生路线，掌握逃生方法（应尽量熟悉所在建筑物结构及逃生路径及消防设施的位置）；保持清醒头脑，扑灭初期火灾（用灭火器、自来水等在第一时间去扑救，同时呼喊周围人员参与灭火和报警，并进行分工，防止、减缓火势蔓延）；针对不同火情，寻求逃生良策（开门逃生前应先触摸门锁，若门锁温度很高，切不可打开房门。应关闭房内所有门窗，用毛巾、被子等堵塞门缝，并泼水降温。同时利用手机等通信工具向外报警。若门锁温度正常或没有浓烟进来，可开门观察外面通道的情况。开门时应用脚抵住门下框，防止热气浪将门冲开。在确信大火并未对自己构成威胁的情况下，应尽快逃出火场）；遇有浓烟用湿毛巾捂

鼻，弯腰低头迅速撤离（通过浓烟区时，尽量避免大声呼喊，并用湿衣物或毛巾捂住口腔和鼻孔，低姿行走或匍匐爬行。不要向狭窄的角落退避，逃生勿入电梯）；身上着火，千万不要奔跑，可就地打滚或用厚重的衣物压灭火苗。

3. 其他能力

在志愿服务中，所需的能力是根据你服务的项目决定的。如参加海外服务，需要很强的教学能力；又如参加应急求助，需要具有相应的急救知识；再如参加社区建设，需要对整个社区有全面、客观的认识，具备较强的规划能力。志愿类别很多，这就要求我们在日常生活中，应该不断学习，不断丰富自己。争取在社会需要我们时，我们能够自信地挺身而出，帮助到更多的人，为社会主义的建设贡献出自己的一分力量。

探讨分享

在志愿服务时，免不了会和很多人打交道，那你知道基本的人际交往常识吗？

知识链接

交往常识

在日常生活中，与人友好交往的人往往会给人们留下良好的印象，在志愿服务中也不例外。要做到与人友好交往，就需要了解一些交往的基本常识。交往常识包括与人交往的常识、保持优雅的仪态、与人沟通的礼节等三方面内容。

表 8-1　交往常识细则

与人交往的常识	注重形象、不卑不亢、尊敬他人、理解宽容、尊重隐私、以诚待人、热情适度、女士优先等
保持优雅的仪态	坐姿、站姿、走姿等
与人沟通的礼节	握手礼仪、交谈礼节、电话礼节等

二、提高志愿服务能力的途径

1. 加强青年志愿者队伍建设，确保志愿者活动的专业性、创造性

由于青年志愿者服务活动是一项长期的活动，是一项不断进步的事业，在服务过程中，志愿者、服务对象以及社会环境等几方面，都在不断地变化，因此，必须提高志愿者服务技能、服务水平和认识程度等，才能有助于服务开展和服务水平的提高。

第八章　社会实践与志愿服务

2. 认真开展形式多样的青年志愿者活动，提高志愿者活动的参与性、基层性

开展形式多样的青年志愿者服务活动能在一定程度上体现"自主教育"的特点，能够让学生在参与志愿者社会服务活动的过程中接触社会、了解现实、磨练意志，展现青年学生蓬勃向上、敢于实践的积极的精神状态，提高与人交流、懂得妥协、善于协作等方面的能力，学会奉献、学会负责、学会追求，对于青年志愿者的内涵的理解也随着活动和实践的深入而不断加深。

3. 建立激励机制，鼓励同学积极参与，确保志愿者活动的长期化、经常化

科学的激励机制能够激发学生积极参与到青年志愿者活动中来，比如高校可以通过开展一系列奖励评比活动，突出青年志愿者活动在校园中的重要地位，利用校园广播站宣传阵地树立典型，弘扬正气。也可以每学年评比优秀青年志愿者，每年评选校园"十佳"，校内的其他评比都和青年志愿者活动挂钩，杰出的志愿者推荐到上一级评比。

> **拓展阅读**
>
> ### 青年志愿者服务日
>
> 青年志愿者服务日又称学习雷锋日。2000年，共青团中央、中国青年志愿者协会共同决定把每年的3月5日作为"中国青年志愿者服务日"，组织青年集中开展内容丰富、形式多样的志愿服务活动。在3月5日广泛开展多种形式和内容的志愿服务活动，已成为近年来许多地区通行的做法。
>
> 中国青年志愿者服务日的口号是爱心献社会、真情暖人间，精神是奉献、友爱、互助、进步。
>
> 青年志愿者行动是随着社会主义市场经济的发展应运而生的，它着眼于服务改革、发展、稳定的大局和人民群众基本的生产生活需求，为促进社会主义市场经济体制的建立和完善服务，为社会主义精神文明建设服务。
>
> 开展青年志愿者行动，就是要立足社会需求，在党政关注、群众急需、青年热心的好事和急事上有所作为，通过青年志愿者的实际行动，在社会上倡导团结友爱、助人为乐、见义勇为、无私奉献的新风和正气，弘扬爱国主义、集体主义和社会主义精神，促进社会风气的进一步好转，同时也使青年在服务社会、帮助他人的过程中树立适应社会主义市场经济发展要求的社会公德意识和责任、义务观念，提高自己的思想道德和科学文化素质。
>
> 实践表明，青年志愿者行动是新的历史时期我国青年运动的新发展，是动员广大青年参与社会主义精神文明建设的新载体，是青少年在实践中经受锻炼、完善自己的新课堂，是共青团服从服务于全党全国工作大局、发挥助手和后备军作用的新途径。
>
> 通过开展青年志愿服务，能够推动社会主义精神文明建设，促进社会主义市场经济体制的建立和完善，提高青年整体素质，为经济社会的协调发展和全面进步做出贡献。

拓展阅读

武汉00后志愿者：未来飞行员余同学变身小区代购"余师傅"

"小余辛苦啦！"下午12点半，武汉硚口区中山社区玉带汇景苑的不少居民前来领取物资，余同学拿着小本子一笔笔地核对着每一位居民的购物清单，生怕错拿、漏拿。

余同学出生于2000年，是北京航空航天大学飞行学院的大二学生。1月10日，余同学从北京回到武汉，"一开始还跟朋友出去玩一玩，就像往年的寒暑假一样。到20号左右我就觉得不太对了，地铁上的人都戴上了口罩，感觉还挺严重的。"

2月11日，武汉市新冠肺炎疫情防控指挥部发布通告，全市范围内所有住宅小区实行封闭管理。"我们这个社区工作人员比较少，大家都扑在防疫一线，小区封闭后，居民的生活有些不方便。正好看到'关爱行动'的志愿者招募，我就报名了。"小余告诉现代快报记者，其实刚封城的时候，就想到一线去服务了，但家人担心他被感染，而飞行专业对身体素质要求很高，怕有影响，当时极力反对。

2月27日，小余正式成为硚口区中山社区玉带汇景苑的一名志愿者，小余的手机就成了社区居民的热线电话，"余同学"成了"余师傅"。"余师傅，帮我买一瓶米酒吧。""余师傅，帮我带一袋味精吧。"

鸡精、酱油、生粉、米酒……对于这个不满20岁的小伙子来说，帮忙采购是个不小的难题。"我原来都没做过饭，家里除了爸妈，还有个姐姐。"为了完成每天的采购任务，小余专门准备了小本子，每一户居民的需求他都会一一记录下来。

每天早上9点钟，小余准时在小区群里通知大家把购物清单填写在接龙表里。"小区隔壁百来米就有一家中百仓储，如果这家买不全，我可能就要去另外两家转转。"小余笑着说，另外两家超市还挺远的，都在一两公里外。"我就当去锻炼身体了嘛。"

有一次，一位居民请小余帮忙购买一瓶酱油。"他指定了一个牌子，结果我跑了三家都卖完了。在最远的那家，我看到有个类似的，就自作主张买下来了，结果不是他要的，我又跑回最远的那家去退掉。"小余说，后来再有这样指定品牌的情况，他都会问一下能不能换，或者请教一下"搭档"刘阿姨。

第八章 社会实践与志愿服务

每天早上8点去社区报到,12点前采买完毕,分拣、包装,再一家家地通知……"虽然每天只有10到15单,但整个过程弄完差不多就要下午两点多了,很多时候都吃不上中饭。"每天的工作很辛苦,但小余从未抱怨过,"为他人服务,既充实自己又帮助他人,何乐而不为呢?"

社区里有一户80多岁的爷爷婆婆,孩子不在身边,腿脚也不太灵活,小余就每天给他们送货上门。"为了避免交叉感染,大部分情况下,我们都不会送上门的。"小余说,对于空巢老人和一些行动不便的居民,他会和保安师傅借门禁卡送到家门口。"以前在小区里,根本不会有人认识我。现在大家看到我,都会热情地打声招呼,'辛苦啦小余''余师傅,辛苦啦'。"

门岗值守、买菜跑腿、上门送药……小余说,大半个月的志愿服务最大的收获就是成长。"以前我是个比较急躁的人,现在帮大家处理物资问题,需要很细心地记录,如果没有买到他们想要的东西,我也会很耐心地跟他们解释,说一声抱歉,在为人处事上成长了很多吧。"

"周一和周三我要上课,其他时间我都是行色匆匆地穿梭在小区附近的超市里。"对于余同学这样的志愿者来说,他们所做的可能只是些琐碎的小事,但对于社区居民来说,却是关乎生活的大事。

2019年,余同学曾作为学生代表,成为庆祝中华人民共和国成立70周年大会上群众游行方阵的一员。小余说,对他而言,做志愿者和参加阅兵仪式同样值得骄傲。

(资料来源:央广网,2020年3月18日)

营造志愿服务发展良好环境

习近平总书记强调,要广泛宣传一线医务工作者、人民解放军指战员、公安干警、基层干部、志愿者等的感人事迹,在全社会激发正能量、弘扬真善美,推动社会主义精神文明建设。志愿服务是社会文明进步的重要标志,是培育和践行社会主义核心价值观的有效载体。在疫情防控阻击战中,广大志愿者用实际行动弘扬社会主义核心价值观,成为新时代公民道德建设的生动案例。应挖掘宣传疫情防控志愿者先进事迹,通过诗歌、快板剧、书画文学作品、微视频等形式,利用报纸、广播、电视、宣传栏、微信、抖音等载体,广泛宣传志愿者在公共卫生突发事件中的重要作用,为志愿服务发展营造良好环境。加强志愿服务经验总结和推广交流,把志愿服务融入文明城市、文明单位、文明村镇、文明家庭、文明校园创建过程,营造"有时间当志愿者,有困难找志愿者"的浓厚氛围,树立"我为人人、人人为我"的生活新风尚。

（资料来源：人民日报作者卓高生为浙江省中国特色社会主义理论体系研究中心温州大学研究基地研究员）

如何提升志愿者服务能力

从集体培训、实战训练、督导跟进、朋辈支持四个方面谈谈如何提升志愿者服务的能力。

1 组织集体培训，构建志愿者知识体系

通过各种渠道招募到的志愿者，特长、能力、意愿、动机等各不相同，因此，开展志愿者培训，是统一志愿者思想、行动和能力最有效、最直接的方法之一。社会工作者可以对所招募的志愿者进行差别分类，开展有针对性的培训，培训内容一般包括志愿者基础知识、专业服务价值、服务对象特征、服务方法与沟通技巧、志愿者团队管理、志愿者注册登记、志愿者服务管理、志愿者能力建设等方面的知识。通过培训丰富志愿者对于志愿服务的知识体系，深化志愿者对于志愿服务的认知，进而提升其服务能力，这样才能为接下来的社区服务创造更大的价值。

2 推动服务实践，促进志愿者角色转变

学以致用是参与培训的最终目的，社会工作者在策划志愿者培训体系之初，就必须思考培训内容与志愿者工作的关联，然后在课后作业中让志愿者有机会运用所学。俗话说："说一千道一万，不如实践看一看。"因此，社会工作者可以在分类培训之后，让志愿者参与服务、策划服务、组织实施服务，并有意识地引导志愿者在服务实践中循序渐进地实现角色的转变。换句话说，就是将志愿者从服务的观望者变成服务的参与者，再从服务的参与者变成服务的提供者，进而促进志愿者从"受助者"到"助人者"的角色转变。

3 加强督导跟进，推动志愿者自主发展

社会工作者在引导志愿者开展服务的过程中，或多或少会遇到一些志愿者自己无法处理的问题，此时，社会工作者就需要给志愿者开展督导工作，推动志愿者实现个人能力的提升，进而促进团队能力的成长。社会工作者可以通过个别督导、团体督导、志愿者表彰和服务授权等方式，实现志愿者及志愿者组织的自我管理、自我服务及自我发展，充分体现"社会工作者＋志愿者"联动服务模式中赋权与自主相结合的发展过程。在此过程中，社会工作者只需要扮演好督导者、教育者、组织者、协调者、资源整合者等角色，充分相信志愿者，授权给志愿者，使志愿者的综合服务能力得到提升，进而有能力、有信心、有意愿参与到长期的志愿服务中来。

第八章 社会实践与志愿服务

> 4 构建互助体系，营造志愿者团队精神
>
> 所谓"三人行必有我师"，寻求朋辈志愿者的支持，也是提升志愿者服务能力的重要途径。常言道："骏马能历险，犁田不如牛；坚车能负重，渡河不如舟。"每一个志愿者都有自己擅长的领域，就算不能够直接给予解决问题的对策和建议，在朋辈交流和分享中也可以相互学习和借鉴相关经验。因此，推动志愿者发展不能忽视朋辈群体的支持作用，社会工作者可以定期开展朋辈支持交流活动，让志愿者相互分享、相互学习、相互支持，共同探讨个人及团队发展中面临的问题及解决之策，让志愿者从中受益。同时，还可以通过每个季度定期的志愿者团队建设活动，营造团结奋进的志愿服务氛围，增加志愿者团队的凝聚力。
>
> 综上所述，提高志愿者服务能力的途径和方法是多种多样的。运用综合的方法，进行有计划、有目的、有系统的统筹谋划，才是推动和协助志愿者个人和组织提升自助互助服务能力的重要策略。
>
> 来源：中国社会工作杂志

探讨分享

以小组为单位，制作志愿活动策划书，并将结果展示分享。

劳动实践 1

项目1：校内宣传——社会责任感

社会责任感作为一种道德情感，是一个人对国家、集体以及他人所承担的道德责任。现以班级为单位，分小组，每组3~4人，以"社会责任感"为主题，搜集相关资料，在校内举行宣传活动。宣传角度不定，如可以社会责任感的重要性为重点进行宣传，也可以树立社会责任感的方法为重点进行宣传。要求小组内成员团结协作，活动结束后派一名代表在班级内发言，发言内容为整个实践活动的构思、宣传内容、人员分工、实践感想等。

实践活动的构思：＿＿＿＿＿＿＿＿＿＿＿＿＿＿＿＿＿＿＿＿
宣传内容：＿＿＿＿＿＿＿＿＿＿＿＿＿＿＿＿＿＿＿＿＿＿＿
人员分工情况：＿＿＿＿＿＿＿＿＿＿＿＿＿＿＿＿＿＿＿＿＿
实践感想：＿＿＿＿＿＿＿＿＿＿＿＿＿＿＿＿＿＿＿＿＿＿＿

项目2：奉献爱心——看望敬老院老人

大学生作为社会建设的中坚力量，已成为志愿服务的主力军。参加志愿服务，不仅能培养良好的思想品德和行为习惯，还体现了全方位的育人意义。现以"看望敬

老院老人"为实践主题，以实地参观和网络搜索两种方式搜集敬老院的基本情况，确定实践活动的日期、路线、费用、主要内容，提前准备好捐助物资。实践过程中，还应安排陪老人聊天、做游戏、打扫卫生、喂饭等活动。实践结束后，可在校外进行相关宣传活动。

敬老院的基本情况：＿＿＿＿＿＿＿＿＿＿

敬老院所需物资：＿＿＿＿＿＿＿＿＿＿

日期、路线、费用等的规划：＿＿＿＿＿＿＿＿＿＿

进行的活动：＿＿＿＿＿＿＿＿＿＿

劳动实践 2

制作志愿活动策划书

无偿献血活动策划书（供参考）

一、活动主题：以我热血绘太阳，让你的生命洒满阳光！

二、活动背景及意义：

大家都知道，生命离不开血液，输血是抢救危重病人的一种特殊医疗措施。在目前人造血液尚不能完全代替人体血液之时，临床用血只能靠健康人体捐献。过去，临床用血来自个体卖血，他们为了卖更多钱，往往弄虚作假，隐瞒病史，甚至冒名顶替，重复多次卖血，严重影响了血液质量和供血者的自身健康，有的患者通过输血还染上了疾病，造成了经血液途径传播的疾病的进一步传播。

因此只有实行无偿献血制度，坚决制止买血卖血行为，才能保证医疗用血的质量，才能遏制严重影响人民身体健康和社会安定的艾滋病、肝炎等经血液传播疾病的传播，减少医疗费用支出，最大限度地保护供血者和受血者的身体健康。无偿献血是团结友爱、无私奉献精神的具体表现，也是一种互救互助的方式，你今天献血救助他人，以后一旦自己或亲属得病之时，又会得到他人的帮助。这也充分体现了社会主义社会人与人之间团结互助和人道友爱的精神！

中国素有"礼仪之邦"的美称，而中国也是传统文化历史悠久的国家，爱心是中华民族传承至今的美德，本次献血活动是以爱心为主题，一方面有利于献血者的身体健康，另一方面能彰显大学生的素质和爱心，此次的献血活动，可以引导大家对爱心的重视，端正思想态度。

三、活动目的：

1. 开展无偿献血活动，发扬大学生志愿精神，展现大学生高尚的精神面貌。
2. 通过无偿献血，让广大同学对献血的相关知识及重要性有进一步认识。
3. 无偿献血，拯救生命，促进社会文明发展。
4. 宣传无偿献血的知识倡导同学关爱社会，增强同学们的道德修养。

四、活动地点：第XX栋宿舍

五、活动时间：XX年XX月XX日

六、活动主办：青年志愿者服务部
七、参与人员：志愿献血的师生
八、活动流程：
(一)前期准备
1. 确定具体的实施方案，分配青服部、办公室、宣传部等的具体工作，确保工作进行时的衔接顺畅。
2. 向相关领导汇报活动准备，并取得活动批准。
3. 联系宣传部和学生会及其它五系青服部，协同宣传，保证宣传力度。(宣传部、青服部)
4. 和学校联系，准备桌子20张，凳子30条，并确定场地的使用。(组织部)
5. 提前和医院取得联系，并商量一些相关的事宜。(青服部)
6. 邀请团总支委员和学生会委员进行爱心献血，起带头作用。(办公室)
7. 在献血地点贴上温馨提示，以及献血活动的宣传单发放准备。(宣传部)
8. 青服部负责人负责物品的采购，如：签字笔、红纸等。(青服部)
9. 与办公室取得联系，商量制作横幅的事情，并提前两至三天将横幅内容告诉办公室。(宣传部)
10. 通知社团部的委员前来采集当天的照片。(社团部)
(二)活动宣传
1. 海报宣传——与宣传部的负责人取得联系，设计海报，以简约明了的形式彰显本次献血活动的主题，并且提前三至四天将海报张贴公示。(宣传部)
2. 与其它四系进行商讨，共同进行下班宣传，务必确保宣传到位。
3. 会议宣传——通过学生会和团总支的这一个平台，向各班的班长宣传献血活动。
4. 横幅宣传，宣传单宣传(青服部)
5. 联系保安室准备献血车供电，供电所需的线圈，献血所需的志愿者帽子及衣服(青服部)
6. 组织衣服保管处，负责同学衣服的保管！(青服部)
7. 活动结束后打扫和收拾活动现场。(外联部和组织部)
8. 应急小组：组长：XX联系电话：XX副组长：XX，XX联系电话：XX成员：各部门大二负责人、大一委员。
(二)活动细节
1. 提前拿到血站负责人的联系方式，告诉他们爱心献血的事情，并当面确定活动开展的具体的实施。(青服部)
2. 青服内部开会，分配具体工作，并强调其细节。(青服部)
3. 宣传部保海报的宣传质量和按时性。(宣传部)
4. 进行全面宣传。(宣传部)
5. 取得献血场地的的使用权，将桌凳和帐篷在场地有计划的摆放好，并将负责

制作的横幅拿到手。(青服部)

6. 将自愿献血的人的名单进行汇总,做表格存根。(办公室)

7. 活动地点设咨询点,登记点,休息点等。(办公室)

(三)注意事项

1. 在献血活动开始前两小时到场,检查有没什么不足。

2. 迎接献血工作人员,他们到场地后,如果对布置不满意,我们再进行小的调整,然后我们的工作人员就位,准备活动开始。

3. 献血活动正式开始后,对献血同学进行登记(登记内容:姓名、班级、联系方式)

4. 活动中出现突发事件,按预案作应急处理。

(四)活动结束

1. 认真听取采血负责人对组织这次活动的评价,希望再次合作。

2. 送血站的工作人员离开,并合影留恋。

3. 打扫场地的卫生,不要让活动场地残留垃圾,归还桌凳等器材。(外联部和组织部)

4. 收集相关活动资料,为部门的活动总结以及活动宣传做准备。(办公室)

5. 活动后开部门大会本次活动进行认真的总结,从中发现不足,让以后的工作更好的发展。(青服部)

6. 将爱心献血者的名单用红榜的形式公布出来,表示感谢对活动的支持。并对献血者致以感谢信,同时联系其他四院青服部表示感谢!(宣传部)

(五)活动突发事件及应急方法

1. 若献血活动当天下大雨,则和血站工作人员商量,将献血时间推迟;若献血活动当天下小雨,则活动可以继续进行。

2. 若献血活动进行时,有献血者出现晕血,情况严重时应立即送往医院进行治疗;情况较轻的,则叫血站的医生帮忙处理。

3. 若出现断电的情况,应马上检查电路,尽快恢复电源

(六)其它事项

1. 活动进行时,工作人员必须保持通讯畅通;

2. 随时向学院领导汇报活动时开展的最新情况;

3. 现场出现问题及时解决并马上联系活动负责人;

4. 应急小组随时待命,负责人务必在现场做好指挥与带头作用。

(七)经费预算

零元整

青年志愿服务队

附 录 一
中共中央国务院
关于全面加强新时代大中小学劳动教育的意见

为构建德智体美劳全面培养的教育体系，现就加强新时代大中小学劳动教育提出如下意见。

一、充分认识新时代培养社会主义建设者和接班人对加强劳动教育的新要求

（一）重大意义。劳动教育是中国特色社会主义教育制度的重要内容，直接决定社会主义建设者和接班人的劳动精神面貌、劳动价值取向和劳动技能水平。长期以来，各地区和学校坚持教育与生产劳动相结合，在实践育人方面取得了一定成效。同时也要看到，近年来一些青少年中出现了不珍惜劳动成果、不想劳动、不会劳动的现象，劳动的独特育人价值在一定程度上被忽视，劳动教育正被淡化、弱化。对此，全党全社会必须高度重视，采取有效措施切实加强劳动教育。

（二）指导思想。以习近平新时代中国特色社会主义思想为指导，全面贯彻党的教育方针，落实全国教育大会精神，坚持立德树人，坚持培育和践行社会主义核心价值观，把劳动教育纳入人才培养全过程，贯通大中小学各学段，贯穿家庭、学校、社会各方面，与德育、智育、体育、美育相融合，紧密结合经济社会发展变化和学生生活实际，积极探索具有中国特色的劳动教育模式，创新体制机制，注重教育实效，实现知行合一，促进学生形成正确的世界观、人生观、价值观。

（三）基本原则

——把握育人导向。坚持党的领导，围绕培养担当民族复兴大任的时代新人，着力提升学生综合素质，促进学生全面发展、健康成长。把准劳动教育价值取向，引导学生树立正确的劳动观，崇尚劳动、尊重劳动，增强对劳动人民的感情，报效国家，奉献社会。

——遵循教育规律。符合学生年龄特点，以体力劳动为主，注意手脑并用、安全适度，强化实践体验，让学生亲历劳动过程，提升育人实效性。

——体现时代特征。适应科技发展和产业变革，针对劳动新形态，注重新兴技术支撑和社会服务新变化。深化产教融合，改进劳动教育方式。强化诚实合法劳动意识，培养科学精神，提高创造性劳动能力。

——强化综合实施。加强政府统筹，拓宽劳动教育途径，整合家庭、学校、社会各方面力量。家庭劳动教育要日常化，学校劳动教育要规范化，社会劳动教育要多样化，形成协同育人格局。

——坚持因地制宜。根据各地区和学校实际，结合当地在自然、经济、文化等方面条件，充分挖掘行业企业、职业院校等可利用资源，宜工则工、宜农则农，采取多种方式开展劳动教育，避免"一刀切"。

二、全面构建体现时代特征的劳动教育体系

（四）把握劳动教育基本内涵。劳动教育是国民教育体系的重要内容，是学生成长的必要途径，具有树德、增智、强体、育美的综合育人价值。实施劳动教育重点是在系统的文化知识学习之外，有目的、有计划地组织学生参加日常生活劳动、生产劳动和服务性劳动，让学生动手实践、出力流汗，接受锻炼、磨炼意志，培养学生正确劳动价值观和良好劳动品质。

（五）明确劳动教育总体目标。通过劳动教育，使学生能够理解和形成马克思主义劳动观，牢固树立劳动最光荣、劳动最崇高、劳动最伟大、劳动最美丽的观念；体会劳动创造美好生活，体认劳动不分贵贱，热爱劳动，尊重普通劳动者，培养勤俭、奋斗、创新、奉献的劳动精神；具备满足生存发展需要的基本劳动能力，形成良好劳动习惯。

（六）设置劳动教育课程。整体优化学校课程设置，将劳动教育纳入中小学国家课程方案和职业院校、普通高等学校人才培养方案，形成具有综合性、实践性、开放性、针对性的劳动教育课程体系。

根据各学段特点，在大中小学设立劳动教育必修课程，系统加强劳动教育。中小学劳动教育课每周不少于1课时，学校要对学生每天课外校外劳动时间作出规定。职业院校以实习实训课为主要载体开展劳动教育，其中劳动精神、劳模精神、工匠精神专题教育不少于16学时。普通高等学校要明确劳动教育主要依托课程，其中本科阶段不少于32学时。除劳动教育必修课程外，其他课程结合学科、专业特点，有机融入劳动教育内容。大中小学每学年设立劳动周，可在学年内或寒暑假自主安排，以集体劳动为主。高等学校也可安排劳动月，集中落实各学年劳动周要求。

根据需要编写劳动实践指导手册，明确教学目标、活动设计、工具使用、考核评价、安全保护等劳动教育要求。

（七）确定劳动教育内容要求。根据教育目标，针对不同学段、类型学生特点，以日常生活劳动、生产劳动和服务性劳动为主要内容开展劳动教育。结合产业新业态、劳动新形态，注重选择新型服务性劳动的内容。

附录一　中共中央国务院关于全面加强新时代大中小学劳动教育的意见

小学低年级要注重围绕劳动意识的启蒙，让学生学习日常生活自理，感知劳动乐趣，知道人人都要劳动。小学中高年级要注重围绕卫生、劳动习惯养成，让学生做好个人清洁卫生，主动分担家务，适当参加校内外公益劳动，学会与他人合作劳动，体会到劳动光荣。初中要注重围绕增加劳动知识、技能，加强家政学习，开展社区服务，适当参加生产劳动，使学生初步养成认真负责、吃苦耐劳的品质和职业意识。普通高中要注重围绕丰富职业体验，开展服务性劳动、参加生产劳动，使学生熟练掌握一定劳动技能，理解劳动创造价值，具有劳动自立意识和主动服务他人、服务社会的情怀。中等职业学校重点是结合专业人才培养，增强学生职业荣誉感，提高职业技能水平，培育学生精益求精的工匠精神和爱岗敬业的劳动态度。高等学校要注重围绕创新创业，结合学科和专业积极开展实习实训、专业服务、社会实践、勤工助学等，重视新知识、新技术、新工艺、新方法应用，创造性地解决实际问题，使学生增强诚实劳动意识，积累职业经验，提升就业创业能力，树立正确择业观，具有到艰苦地区和行业工作的奋斗精神，懂得空谈误国、实干兴邦的深刻道理；注重培育公共服务意识，使学生具有面对重大疫情、灾害等危机主动作为的奉献精神。

（八）健全劳动素养评价制度。将劳动素养纳入学生综合素质评价体系，制定评价标准，建立激励机制，组织开展劳动技能和劳动成果展示、劳动竞赛等活动，全面客观记录课内外劳动过程和结果，加强实际劳动技能和价值体认情况的考核。建立公示、审核制度，确保记录真实可靠。把劳动素养评价结果作为衡量学生全面发展情况的重要内容，作为评优评先的重要参考和毕业依据，作为高一级学校录取的重要参考或依据。

三、广泛开展劳动教育实践活动

（九）家庭要发挥在劳动教育中的基础作用。注重抓住衣食住行等日常生活中的劳动实践机会，鼓励孩子自觉参与、自己动手，随时随地、坚持不懈进行劳动，掌握洗衣做饭等必要的家务劳动技能，每年有针对性地学会1至2项生活技能。鼓励学校（家委会）和社区等组织开展学生生活技能展示活动。学生参加家务劳动和掌握生活技能的情况要按年度记入学生综合素质档案。鼓励孩子利用节假日参加各种社会劳动。家庭要树立崇尚劳动的良好家风，家长要通过日常生活的言传身教、潜移默化，让孩子养成从小爱劳动的好习惯。

（十）学校要发挥在劳动教育中的主导作用。学校要切实承担劳动教育主体责任，明确实施机构和人员，开齐开足劳动教育课程，不得挤占、挪用劳动实践时间。明确学校劳动教育要求，着重引导学生形成马克思主义劳动观，系统学习掌握必要的劳动技能。根据学生身体发育情况，科学设计课内外劳动项目，采取灵活多样形式，

激发学生劳动的内在需求和动力。统筹安排课内外时间，可采用集中与分散相结合的方式。组织实施好劳动周，小学低中年级以校园劳动为主，小学高年级和中学可适当走向社会、参与集中劳动，高等学校要组织学生走向社会、以校外劳动锻炼为主。

（十一）社会要发挥在劳动教育中的支持作用。充分利用社会各方面资源，为劳动教育提供必要保障。各级政府部门要积极协调和引导企业公司、工厂农场等组织履行社会责任，开放实践场所，支持学校组织学生参加力所能及的生产劳动、参与新型服务性劳动，使学生与普通劳动者一起经历劳动过程。鼓励高新企业为学生体验现代科技条件下劳动实践新形态、新方式提供支持。工会、共青团、妇联等群团组织以及各类公益基金会、社会福利组织要组织动员相关力量、搭建活动平台，共同支持学生深入城乡社区、福利院和公共场所等参加志愿服务，开展公益劳动，参与社区治理。

四、着力提升劳动教育支撑保障能力

（十二）多渠道拓展实践场所。大力拓展实践场所，满足各级各类学校多样化劳动实践需求。充分利用现有综合实践基地、青少年校外活动场所、职业院校和普通高等学校劳动实践场所，建立健全开放共享机制。农村地区可安排相应土地、山林、草场等作为学农实践基地，城镇地区可确认一批企事业单位和社会机构，作为学生参加生产劳动、服务性劳动的实践场所。建立以县为主、政府统筹规划配置中小学（含中等职业学校）劳动教育资源的机制。进一步完善学校建设标准，学校逐步建好配齐劳动实践教室、实训基地。高等学校要充分发挥自身专业优势和服务社会功能，建立相对稳定的实习和劳动实践基地。

（十三）多举措加强人才队伍建设。采取多种措施，建立专兼职相结合的劳动教育师资队伍。根据学校劳动教育需要，为学校配备必要的专任教师。高等学校要加强劳动教育师资培养，有条件的师范院校开设劳动教育相关专业。设立劳模工作室、技能大师工作室、荣誉教师岗位等，聘请相关行业专业人士担任劳动实践指导教师。把劳动教育纳入教师培训内容，开展全员培训，强化每位教师的劳动意识、劳动观念，提升实施劳动教育的自觉性，对承担劳动教育课程的教师进行专项培训，提高劳动教育专业化水平。建立健全劳动教育教师工作考核体系，分类完善评价标准。

（十四）健全经费投入机制。各地区要统筹中央补助资金和自有财力，多种形式筹措资金，加快建设校内劳动教育场所和校外劳动教育实践基地，加强学校劳动教育设施标准化建设，建立学校劳动教育器材、耗材补充机制。学校可按照规定统筹安排公用经费等资金开展劳动教育。可采取政府购买服务方式，吸引社会力量提供

劳动教育服务。

（十五）多方面强化安全保障。各地区要建立政府负责、社会协同、有关部门共同参与的安全管控机制。建立政府、学校、家庭、社会共同参与的劳动教育风险分散机制，鼓励购买劳动教育相关保险，保障劳动教育正常开展。各学校要加强对师生的劳动安全教育，强化劳动风险意识，建立健全安全教育与管理并重的劳动安全保障体系。科学评估劳动实践活动的安全风险，认真排查、清除学生劳动实践中的各种隐患特别是辐射、疾病传染等，在场所设施选择、材料选用、工具设备和防护用品使用、活动流程等方面制定安全、科学的操作规范，强化对劳动过程每个岗位的管理，明确各方责任，防患于未然。制定劳动实践活动风险防控预案，完善应急与事故处理机制。

五、切实加强劳动教育的组织实施

（十六）加强组织领导。在党委统一领导下，各级政府要把劳动教育摆上重要议事日程，出台相关政策措施，切实解决劳动教育实施过程中的重大问题，做好督促落实。省级政府要加强劳动教育工作的统筹协调，明确市地级、县级政府及有关部门加强劳动教育的职责，推动建立全面实施劳动教育的长效机制。

（十七）强化督导检查。把劳动教育纳入教育督导体系，完善督导办法。对地方各级政府和有关部门保障劳动教育情况以及学校组织实施劳动教育情况进行督导，督导结果向社会公开，同时作为衡量区域教育质量和水平的重要指标，作为对被督导部门和学校及其主要负责人考核奖惩的依据。开展劳动教育质量监测，强化反馈和指导。

（十八）加强宣传引导。引导家长树立正确劳动观念，支持配合学校开展劳动教育。加强劳动教育科学研究，宣传推广劳动教育典型经验。积极宣传企事业单位和社会机构提供劳动教育服务的先进事迹。注重挖掘在抗疫救灾等重大事件中涌现出来的典型人物和事迹，大力宣传不畏艰难、百折不挠、敢于担当的高尚品格。鼓励和支持创作更多以歌颂普通劳动者为主题的优秀作品，大力宣传辛勤劳动、诚实劳动、创造性劳动的典型人物和事迹，弘扬劳动光荣、创造伟大的主旋律，旗帜鲜明地反对一切不劳而获、贪图享乐、崇尚暴富的错误观念，营造全社会关心和支持劳动教育的良好氛围。

附 录 二

劳动教育活动记录卡

活动内容	
活动时间	
参加人员	
负责人	
活动过程	
活动效果	
活动心得体会	

劳动教育活动记录卡

活动内容	
活动时间	
参加人员	
负责人	
活动过程	
活动效果	
活动心得体会	

劳动教育活动记录卡

活动内容	
活动时间	
参加人员	
负责人	
活动过程	
活动效果	
活动心得体会	

劳动教育活动记录卡

活动内容	
活动时间	
参加人员	
负责人	
活动过程	
活动效果	
活动心得体会	

劳动教育活动记录卡

活动内容	
活动时间	
参加人员	
负责人	
活动过程	
活动效果	
活动心得体会	

劳动教育活动记录卡

活动内容	
活动时间	
参加人员	
负责人	
活动过程	
活动效果	
活动心得体会	

参 考 文 献

[1] 许媚. 新时代劳动教育读本[M]. 成都：电子科技大学出版社，2020.

[2] 鲁加升. 新时代大学生劳动教育读本[M]. 长春：吉林大学出版社，2020.

[3] 徐长发. 劳动教育读本：小学低年级版[M]. 北京：人民日报出版社，2020.

[4] 安鸿章. 劳动通识：中等职业学校劳动教育读本[M]. 北京：北京理工大学出版社，2020.

[5] 杨明家，王瀚，黄文灵. 劳动教育教程[M]. 北京：北京邮电大学出版社，2020.

[6] 朱忠义. 劳动教育与实践[M]. 北京：北京理工大学出版社，2020.

[7] 陈国维. 大学生劳动教育[M]. 北京：高等教育出版社，2020.

[8] 金正连. 劳动教育与素质养成[M]. 北京：中国人民大学出版社，2020.

[9] 聂峰，易志军. 新时代劳动教育教程[M]. 北京：电子工业出版社，2020.

[10] 徐国庆. 劳动教育[M]. 北京：高等教育出版社，2020.

[11] 张文胜，彭勇军，柴全喜. 劳动创造美好生活：新时代劳动教育教程[M]. 镇江：江苏大学出版社，2020.

[12] 安鸿章. 劳动实务：高等职业院校劳动教育读本[M]. 北京：北京理工大学出版社，2020.

[13] 刘向兵. 劳动通论[M]. 北京：高等教育出版社，2020.